FENG SHUI

O Livro das Soluções

Nancilee Wydra

FENG SHUI

O Livro das Soluções

150 soluções simples para sua saúde e
felicidade no lar ou no escritório

Tradução
SÔNIA RÉGIS
ALÍPIO CORREIA DE FRANCA NETO

Editora
Pensamento
SÃO PAULO

Título do original: *Feng Shui: The Book of Cures.*

Copyright © 1996 Nancilee Wydra.
Publicado mediante acordo com Lennart Sane Agency AB.

Copyright da edição brasileira © 1997 Editora Pensamento-Cultrix Ltda.

1ª edição 1997.

12ª reimpressão 2022.

Material referente ao capítulo O Padre do Lugar, de Winifred Gallagher,
Copyright © 1993 Winifred Gallagher, reproduzido com a permissão
da Simon & Schuster.

Ilustrações de Samuel Angus Welborn, Route 7, Box 67,
Jasper, GA 30143.

Foto da autora de coleen neeld.

Todos os direitos reservados. Nenhuma parte deste livro pode ser reproduzida ou usada de qualquer forma ou por qualquer meio, eletrônico ou mecânico, inclusive fotocópias, gravações ou sistema de armazenamento em banco de dados, sem permissão por escrito, exceto nos casos de trechos curtos citados em resenhas críticas ou artigos de revistas.

A Editora Pensamento não se responsabiliza por eventuais mudanças ocorridas nos endereços convencionais ou eletrônicos citados neste livro.

Direitos de tradução para a língua portuguesa adquiridos com exclusividade pela
EDITORA PENSAMENTO-CULTRIX LTDA., que se reserva a
propriedade literária desta tradução.
Rua Dr. Mário Vicente, 368 – 04270-000 – São Paulo, SP – Fone: (11) 2066-9000
E-mail: atendimento@editorapensamento.com.br
http://www.editorapensamento.com.br
Foi feito o depósito legal.

Impresso por : Graphium gráfica e editora

Ao meu marido, Bill, cuja inspiração, paciência, lealdade, valores, disposição, rigor acadêmico e amor, juntos, muito acrescentaram à minha vida.

Para Zachary, Robyn, Sol e Vera, Steve e Melissa, Sandy Vidan, Sandy e Milt Thomas, Faith Mitchell, Brenda Currin, Karen Amsler, Susan Carver, Willie Goodman, Jean Nidorf, Elizabeth Freilicher, Ethel Marantz, Diana Helman, Joanne Huot, Jackie Stern, Anita Goldberg, Millie Levinstone, Micki Wesson, Ethel Weinstein e meus maravilhosos clientes, cujas vidas se entrelaçam com a minha e cujas histórias eu conto.

E para a Srta. Goodyear, minha professora de inglês da décima série, que ousou acreditar em mim. Seu legado é para a vida toda.

Sumário

Introdução 9
**Parte I: Feng shui: A ligação da pessoa com
                o lugar que ela ocupa** 11
  1. O poder do lugar. 13
  2. O que é *feng shui?*. 21
  3. Escolas de *feng shui* 26
  4. Os ingredientes do *feng shui* 32
  5. Os cinco elementos. 39
  6. A escola da pirâmide ba gua: o efeito das diferentes
     partes de uma sala. 51
  7. Os sentidos: visão, audição, olfato e tato 62
Parte II: As soluções. 79
  Parte externa 87
    8. Geologia, topografia e direção 89
    9. O ambiente e a visão do mundo exterior 95
   10. A vegetação. 103
   11. Terrenos para construção. 110
   12. O caminho para a casa. 118
   13. A entrada de uma casa. 124
   14. Setas secretas. 134
   15. A vizinhança 140
  Detalhes da arquitetura 149
   16. A forma de uma casa. 151
   17. Portas. 157
   18. Escadas. 165
   19. Tetos. 169
   20. Janelas. 174
  Os diferentes cômodos. 185
   21. Salas de estar. 187

22. Salas de jantar 194
23. Cozinhas 200
24. Banheiros 207
25. Quartos 213
26. Locais de trabalho 222
Considerações especiais 229
27. Mobília 231
28. A luz 236
29. O movimento 240
30. Os rituais 243
31. A vida moderna 246
Posfácio 248
Bibliografia 249

Introdução

*F*eng Shui explica o diálogo realizado todo dia entre você e os espaços em que vive. Enquanto a arquitetura e o desenho de interior se interessam pela estética, *feng shui* se concentra no modo como o ambiente exerce influência sobre a experiência das pessoas que nele habitam. Espaços harmoniosos podem contribuir consideravelmente para a pessoa ter mais satisfação na sua vida; essa é a premissa central do *feng shui*. Você pode ter lido inúmeros artigos de revista ou jornal que deram essa definição, e ainda assim pode não ter um verdadeiro entendimento do modo de adaptar um ambiente para beneficiar a sua vida. Se estiver interessado em avaliar o espaço onde vive e, depois, selecionar os melhores tipos de solução para os problemas que identificar, este livro é para você.

Feng Shui: o livro das soluções pode ser usado como uma enciclopédia. Leia a Parte I para o conhecimento básico ou, se preferir, passe diretamente para a Parte II e escolha os capítulos do seu interesse. O teste no início de cada capítulo o ajudará a resolver como adaptar essa parte da sua casa ou escritório. Você descobrirá que freqüentemente melhorar condições desfavoráveis é simples e barato.

Embora o *feng shui* tenha-se originado há milhares de anos, na China, as verdades fundamentais podem ser aplicadas a qualquer civilização. Nada tem tanta duração se as suas verdades não são importantes para a consciência e a experiência humanas, como é o coração para o corpo físico. E, despojado dos rituais peculiares à China, o *feng shui* se apresenta concreto e essencial para toda experiência humana, assim como a adição e a subtração são fundamentais para os matemáticos. Ficamos todos surpreendidos com paisagens como a do Grand Canyon ou das Cataratas do Niágara. Todos os seres humanos reagem fisicamente à luz e à escuridão do mesmo modo. O que deve ser despojado dessa antiga disciplina são os adornos, as especiarias culturais que fazem de cada civilização uma festa de nuanças. Este livro tem em vista a mensagem universal presente no *feng shui*.

A um futuro melhor!
Nancilee Wydra

Parte I

Feng shui: A ligação da pessoa com o lugar que ela ocupa

1
O poder do lugar

Posso me lembrar de como sentia os lugares quando eu era criança. A caminho da escola, todas as manhãs, minhas amigas e eu passávamos pela "casa assombrada" da vizinhança. O sol matutino que espreitava por trás do telhado cônico da casa projetava uma sombra sinistra sobre a calçada de cimento rachado.

Ficávamos meditando sobre a gente que lá vivia, principalmente porque nunca ninguém a via, a não ser por breves momentos, ao entardecer, quando retornavam de lugares desconhecidos. As semanas quentes de verão chegavam e passavam, mas a família da casa assombrada nunca era como a dos demais, que descansavam à vontade nas espreguiçadeiras de plástico no quintal. No inverno, um serviço local de remoção de neve limparia a entrada para carros depois de uma forte nevada, mas essa família reclusa deixava os degraus da entrada sem limpar. Quando, enfim, eles se mudaram, aconteceu algo singular. A família que ficou no lugar deles também era estranha. Lembro-me de ficar imaginando então se talvez não fosse a casa o que tornava essas famílias assim.

Ao lembrar o passado, percebo que essa casa apresentava um *feng shui* terrível. Situava-se numa junção em T ao final da estrada e tinha uma enorme tora de árvore morta colocada como uma sentinela ferida junto à porta da frente. As construções no fim de

Uma casa no final de uma junção em T

uma junção em T podem sofrer o efeito negativo de precipitar a energia, enquanto os carros, as pessoas ou o vento descem a estrada livremente na sua direção. Não retirar uma tora de árvore num lugar assim indica a falta de sensibilidade de uma família para com o ambiente à volta. Se não tomarmos conta daquilo que uma vez irradiou vida, será grande a probabilidade de sermos descuidados com o nosso próprio bem-estar.

Bem mais recentemente, fiz uma palestra num centro popular de saúde holística. O fundador havia se afastado e o ideal que unia as pessoas estava se dissipando. Logo que cheguei, senti o mau odor da deterioração ao examinar as instalações. Antes, um ambiente sadio, estava agora repleto de pequenos encraves de desordem, sujeira e falta de harmonia.

A saúde de uma família, de uma pessoa ou de uma instituição pode ser detectada interpretando-se as condições de seu ambiente. A relação com os nossos arredores é interativa e a saúde de um se reflete na do outro. Até mesmo pequenas mudanças podem consumir a vitalidade, como uma maçã podre num barril de maçãs boas.

Como ocidentais modernos, no entanto, temos de reaprender que a biologia, a estrutura social e a psicologia temperam a individualidade humana. Ignoramos como nossos ancestrais viveram durante milhares de gerações. Há muito não regulamos nossas horas de acordar e de dormir pelo nascer e o pôr-do-sol. Criamos espaços uniformemente iluminados, sem nenhuma consideração para com as mudanças normais da luz do dia. Isso exige de nosso corpo que mantenha um ritmo constante durante todo o dia, em vez de tomar parte no fluxo e refluxo da luz. Somos abençoados e amaldiçoados com o poder de interagir com o nosso ambiente, ao contrário de qualquer outra espécie. A sensibilidade para com a nossa constituição interior se enfraquece ao deixar que a tecnologia subjugue a biologia.

É imperativo entender a filosofia que está por trás do *feng shui*, conhecer como estamos ligados biologicamente ao nosso ambiente. Do mesmo modo como somos moldados pelas pessoas que nos educam, somos formados pelas interações sensórias entre nós e o nosso ambiente.

Numa experiência pioneira durante os anos 60, o cientista social Roger Barker registrou o comportamento das crianças em diversos pontos de encontro durante um longo período de tempo. Os resultados foram espantosos. Na fila de um teatro, uma criança agressiva esperava submissamente, por exemplo, enquanto, num jogo de futebol, uma criança normalmente reprimida gritava com espontaneidade. Barker concluiu que os espaços que as crianças ocupavam lhes influenciava o comportamento mais do que qualquer outro fator, incluindo sua própria personalidade.

Vemos aspectos semelhantes em nossa vida. É só pensar em como mudamos nossa *persona*, a depender de se estamos no consultório de um médico, comprando um carro ou fazendo papel de anfitriões para convidados em nossa casa. Essas interações são inevitáveis, de modo que não é nenhuma surpresa que, a partir do trabalho pioneiro de Barker, tenha-se desenvolvido um novo campo de estudos chamado *ecologia psicológica*, um campo para o qual o *feng shui* muito tem a oferecer.

Podemos nos considerar "viciados" no nosso ambiente, do mesmo modo como alguém pode ser viciado em drogas. Ao estudar a taxa de reincidência dos viciados, Shepard Siegel, um professor de psicologia da Universidade de McMaster, em Hamilton, Ontário, descobriu que, mesmo os que tinham o firme propósito de deixar o vício, depois de ter completado com sucesso um programa de tratamento, retomavam o hábito nocivo ao voltar ao ambiente em que esse vício havia começado. Do mesmo modo como os cães de Pavlov salivavam depois de ouvir o sino tocar, a vontade de beber de um alcoólico poderia ser despertada pelo simples fato de ele passar em frente ao seu bar favorito. A maioria de nós já experimentou uma onda de apetite não estando com fome, só porque a comida foi colocada diante de nós.

Num nível bem profundo, nosso ambiente acarreta reações automáticas. Esses atos involuntários provêm da parte do cérebro que lida com coisas rotineiras, como descer correndo um lance de escada, sem pensar "agora, eu dobro o meu joelho; agora, endireito o meu joelho", etc. Não estamos cônscios das condições específicas que precipitam uma reação. Todos nós sentimos, uma vez ou outra, uma extrema exaltação ou ansiedade ao entrar num lugar em especial, e geralmente não temos consciência dos fatores específicos que precipitam esses sentimentos. A parte do nosso cérebro que reage a esses estímulos é o tronco cerebral, que abriga nossa memória ancestral, a programação coletiva contida no nosso sistema de respostas, tal como a que informa a pessoa quanto a enfrentar um perigo ou fugir.

Respiramos, temos sentimentos, cheiramos, vemos e reagimos ao nosso ambiente através das respostas do nosso eu psicobiológico; dependemos desses conjuntos de respostas previsíveis ao nosso ambiente para vivermos em coletividade. Não é por acaso que os vizinhos se parecem uns com os outros ou que as construções tenham muitos elementos em comum em seus projetos. Antes de a aptidão para ler e escrever ser difundida, as cidades e as construções precisavam ser construídas de forma a poder ser lembradas de casa em casa e de cidade em cidade. Quintiliano, um arquiteto romano, escreveu que "uma construção é para ser lembrada". Ele sugeriu que se padronizasse a posição dos quintais, das salas de estar, dos quartos e da sala de visitas de modo que as pessoas pudessem circular sem ter de descobrir o traçado cada vez que entrassem numa construção diferente. Ao condescender com os ditames de uma cultura, criamos o mundo tolerante e previsível no qual vivemos.

De modo positivo, essa conformidade de lugar, ou hábito ambiental, mantém as pessoas integradas. A recente tendência que empurra mais de um milhão de famílias por ano para novos lugares talvez seja um fator que nos leva a homogeneizar a América. Talvez nos sintamos à vontade mudando-nos com tanta freqüência apenas por termos criado um mundo uniforme.

Mas a pressão para nos conformarmos ao *status quo* do lugar traz em si um aspecto deprimente. O costume torna difícil a adaptação a um novo ambiente, quando somos obrigados a isso. Na infância, quando minha família se mudou para a Flórida, vinda de New Jersey, a comida, as paisagens e os sons das cidades do sul ao longo do caminho me pareciam tão exóticos quanto em qualquer país estrangeiro. A rota que percorremos era diferente, visual e culturalmente, bem como o clima. Percebi que ser transplantada podia ser tão comovente quanto aprender uma nova língua. Até os que gostam de viajar voltam para casa com um sentimento de "Uau, como é bom estar aqui".

O próprio instinto que nos ajuda a estabelecer fortes raízes também nos mantém integrados quando essa é a última coisa de que precisamos. Tão arraigados ficamos no *status quo*, que somos avessos a mudar o nosso ambiente quando mudam nossas necessidades. As pessoas que protelam sua saída de uma casa enorme, depois de os filhos terem ido embora, ou que permanecem perto do lugar do trabalho depois da aposentadoria, freqüentemente sentem uma depressão descabida ou certo sentimento de perda. O ato de mudar os ambientes pode ser a única e mais importante cura para essa situação. O Estado onde moro, a Flórida, está transbordando de pessoas que fizeram essa transição.

Com freqüência, falhamos em reconhecer como uma mudança no estilo de vida ou no estágio da nossa existência afeta a experiência ao nosso redor. Podemos até mesmo estar menos cientes das sutis influências que o mundo físico exerce sobre nós. Sejam campos eletromagnéticos, energias geofísicas ou outras propriedades, os conteúdos de um ambiente irradiam forças para alterar qualquer experiência. Por exemplo, os íons negativos criados pela água nos infundem, bem como ao ar à nossa volta, uma energia positiva e estimulante. Em algum nível, aparentemente sabemos disso, porque uma propriedade perto das águas tende a impor um preço mais elevado. Mas nem sempre temos consciência disso trabalhando com o nosso ambiente para que ele se adapte a nós.

Robert Becker, autor de *The Body Electric*, conta como as criaturas vivas podem ser afetadas por pequenas mudanças nas correntes elétricas ou campos magnéticos. Alarmantemente, "Quando a nossa espécie evoluiu, o campo magnético natural tinha a freqüência de um a vinte hertz. Hoje, o sistema de transferência de energia elétrica nos Estados Unidos, por exemplo, tem uma freqüência de sessenta hertz. Como podemos agüentar um aumento tríplice?" E Becker continua: "Os campos eletromagnéticos tornaram-se o problema por excelência da saúde ambiental dos anos 90." O *feng shui* pode nos ajudar a entender como controlar o poder dessas forças ambientais.

Aquilo que vemos, os sons que ouvimos, os aromas que aspiramos e as sensações de toque se entremeiam para encerrar nossa experiência num espaço físico. Em acréscimo às nossas reações biológicas, somos criaturas de hábitos culturais e sociais. A qualidade da experiência é determinada pelo efeito cultural. Por exemplo, o esquimó percebe centenas de variações no branco da neve, enquanto os nativos da Flórida só podem perceber a neve do modo mais simples.

Quando eu tinha quinze anos, minha família me mandou visitar o tio Willie, que morava em Madri, na Espanha. Ele e tia Minnie trataram-me como se eu fosse da realeza. Uma noite, enquanto jantávamos na ampla sala de jantar que tinha vista sobre um dos mais esplêndidos bulevares de Madri, ouvi sons musicais produzidos, como me foi dito, pelos Los Tunas, uma tradicional banda do tipo mariachi de estudantes universitários vestidos com longas pelerines pretas esvoaçantes, que faziam uma serenata subindo e descendo as ruas, na esperança de atrair as jovens à sacada de suas casas. Quando saí à sacada da casa de minha tia, notei a presença de moças em outros terraços acenando com longas e coloridas fitas. Tia Minnie me disse que, se uma jovem gostasse de um dos trovadores, arremessaria uma fita ao seu favorito e ele fixaria com alfinete essa tira de seda colorida à sua longa pelerine preta. Aquele que juntasse a maior quantidade de fitas seria considerado o mais popular. "Venha comigo", disse ela, e nós duas corremos para dentro à procura de fitas.

A outra novidade foi que os trovadores estavam batendo à porta de meu tio. De repente, eu estava cercada de perto por uns oito alegres estudantes universitários. E a expressão da moda era *estar junto*! Nenhum se postava a menos de vinte centímetros do meu nariz ao falar comigo. Quando eu dava um passo para trás, para me dar um pouco mais de espaço, eles davam um passo para a frente, diminuindo a distância que eu tentava criar entre o rosto deles e o meu. Eu podia sentir aquela respiração coletiva, o cheiro do que haviam comido no jantar, e me sentia cada vez mais constrangida com a aproximação da noite. Eu deveria estar me sentindo no céu, uma mulher cercada por tantos belos jovens. Em vez disso, passei o tempo todo tentando manter uma distância apropriada entre mim e eles.

Só muitos anos depois é que compreendi que o que eu estava vivenciando era uma diferença cultural. Nos Estados Unidos, em sociedade, a distância apropriada entre as pessoas vai de oitenta a cem centímetros. A distância cultural espanhola era bem menor do que aquela a que eu estava acostumada. Meu espaço pessoal fora invadido, e isso não era nada agradável!

Da mesma forma, cada cultura tem os tipos de recursos mnemônicos defendidos por Quintiliano, na antiga Roma, recursos que fornecem detalhes únicos de suas cidades e espaços existentes. Embora as palavras *feng shui* sejam usadas para descrever uma antiga disciplina chinesa, elas são apenas uma bandeira sob a qual está organizado um sistema de informação de múltiplas camadas. O entendimento da relação de uma pessoa com o seu ambiente é muito amplo para ser confinado à moldura de determinada cultura ou época. Durante seis mil anos, os chineses enriqueceram sua vida com o entendimento do modo como o espaço afeta a experiência. Por causa dessa relação histórica, é apropriado louvar os chineses por seus esforços pioneiros em conservar o nome *feng shui* como a rubrica sob a qual um sem-número de disciplinas pode se enquadrar. Mas só quando separamos as anomalias culturais do *feng shui* é que podemos aplicar suas verdades universalmente. As sutilezas do *feng shui*, de uma perspectiva chinesa, podem parecer delicadas e limitadas. Como os poetas e monges, *feng shui*, na sua forma original, é tanto inútil quanto indispensável. Os valores presentes em seus ensinamentos devem ser extraídos para revelar as verdades centrais. O melhor é transformar o *feng shui* num sistema flexível para assegurar a sobrevivência dele.

Nossa experiência do ambiente é tão fundamental à vida quanto a carne para os ossos. Um não pode existir sem ser escorado pelo outro. Tudo deveria ser levado em conta para determinar como ter relacionamentos satisfatórios, para manter nossa saúde e realizar o máximo de nosso potencial pessoal. Com o conhecimento do *feng shui,* somos capazes de adaptar nosso ambiente para levar nossa vida a uma perfeição extrema.

O espaço envolve e influencia todas as experiências. Ele é tão silencioso e vital quanto o ar que respiramos.

2
O que é *feng shui*?

As palavras *feng* e *shui* são chinesas e se referem a "vento" e "água", respectivamente, imagens que orbitam nosso campo sensível. O provérbio chinês "assim como é em cima é embaixo" sugere a nossa ligação com essa esfera. Nesse sistema, o espaço é o que existe de mais importante para a nossa auto-realização. Podemos orquestrar nosso destino manipulando o ambiente em que vivemos. De muitos modos o *feng shui* é um instrumento para a nossa sobrevivência e para o desenvolvimento pessoal e coletivo.

O *feng shui* identifica as condições do espaço em que vivemos e que nos afeta, seja de modo positivo ou negativo. De acordo com o *feng shui*, a linguagem de nosso ambiente conta uma história e, se mudarmos os elementos do ambiente em que vivemos, poderemos melhorar nossa história.

Nas primeiras horas iniciais da vida, a sobrevivência é determinada pelo espaço. Se o óvulo fecundado não está no ponto certo do útero, a placenta não se formará. O *feng shui*, uma antiga arte chinesa do arranjo do espaço, está organizado em torno da premissa de que *onde* estamos é tão importante quanto *quem* somos. Pela vida afora, a ação recíproca com o mundo é prejudicada quando a paisagem que nos cerca não é favorável.

A antiga disciplina chinesa do *feng shui* tem pelo menos três mil anos, embora a sua filosofia remonte a seis mil anos atrás. O *feng shui* continua a ser reverenciado pela população chinesa no correr dos milênios, embora nos últimos cem anos tenha perdido seu *status*. Os comunistas chineses viram-no como um antiquado sistema feudal e os chineses de Hong Kong reduziram-lhe a essência a um recurso para fazer os negócios prosperarem. Hong Kong voltou-se para o Ocidente em busca de orientação para a vida contemporânea e relegou o *feng shui* a uma prática mais supersticiosa, de cunho místico. O Ocidente, no entanto, não teve o benefício de uma filosofia consistente sobre a relação pessoa-espaço através dos tempos, apesar de muitas figuras históricas respeitadas terem dado a devida atenção à nossa relação com o ambiente. Por exemplo, Hipócrates, cujo juramento sintetiza os deveres e obrigações dos médicos, considerava as influências ambientais como importantíssimas para a cura. No décimo sétimo século, um estudioso inglês, Robert Burton, compilou *A anatomia da melancolia*, que se referia à relação do clima com o temperamento.

No século XX, o psicólogo Abraham Maslow esteve entre os primeiros a provar como o ambiente afeta a nossa opinião sobre os outros. Numa engenhosa experiência realizada na Universidade de Brandeis, nos anos 60, ele criou três salas: uma feia, uma bonita e uma outra nem bonita nem feia. Reuniu fotografias do rosto de pessoas e distribuiu-as para um grupo de entrevistadores. Cada um dos entrevistadores foi designado para uma das salas. Maslow intencionalmente mentiu aos entrevistadores sobre os objetivos da experiência, dizendo-lhes que estava pesquisando características faciais com relação aos traços da personalidade. Por exemplo, estariam os olhos pequenos associados às pessoas indignas de confiança? Os entrevistadores não tinham nenhuma idéia de que as salas em que as entrevistas estavam sendo feitas também estavam sendo avaliadas.

Pedia-se aos entrevistadores que descrevessem seus sentimentos a respeito de cada fotografia. Os resultados foram surpreendentes. Um rosto visto no ambiente feio foi descrito negativamente; no entanto, na sala bonita, a mesma fotografia foi aquinhoada com atributos positivos. Curiosamente, na sala comum, um maior número de rostos foi descrito como de pessoas com traços de personalidade negativos, em vez de positivos. Isso prova claramente como o ambiente afeta a percepção que temos dos outros. (Notem que o *feng shui* universal não pode interpretar o que é belo, porque a beleza é sempre filtrada pela cultura. Embora haja padrões universais de beleza geralmente aceitos, o gosto é relevante na decisão daquilo com que queremos viver. Portanto, o *feng shui* reconhece os padrões de beleza sem ditá-los em qualquer situação dada.)

Também eu tinha certa intuição de que o ambiente exerce um impacto significativo em nossa vida e procurei, nos anos em que estudei, encontrar uma disciplina que reunisse essas idéias. Na verdade, no começo dos anos 70, elaborei e dei um curso para um colégio alternativo em New Jersey, intitulado "Aspectos do espaço humano". Meus estudantes leram as obras do antropólogo Edward Hall, do arquiteto Christopher Alexander e da teórica social Jane Jacobs. Ao pesquisar um fio discernível de conhecimento que vinculasse pessoas e lugares tive esses estudantes por todo o mapa das atividades escolares.

Como que por uma dádiva, um dia achei uma reimpressão do livro de 1873 de E.J. Eitel sobre o *feng shui*. Clarões de néon pulsantes iluminaram minha mente. Encontrei a disciplina que procurava!

O *feng shui* foi transmitido por meio dos paradigmas culturais da China, onde uma estrutura social mais propriamente estável varia pouco de geração para geração. Isso, a par da geografia única da China, temperou o *feng shui* de modo que ele ficou apropriado apenas para essa antiga cultura. Por exemplo, uma das regras do *feng shui* sugere que não é bom ter uma casa que não tenha a forma de uma retângulo ou de um quadrado. Se tentarmos aplicar isso à estrutura da vida contemporânea, expomos falhas ainda maiores. Eis o porquê: a maior parte dos lares chineses consistia no pai, na mãe, nos filhos e, ocasionalmente, num ancião que era reverenciado. Na maioria das cidades e das casas, poucas famílias se desviavam desse modelo. A forma unificada da casa refletia essas realidades. Se uma sala se projetava da construção principal, a atividade realizada nesse espaço estava fora do centro ou coração dos afazeres no lar.

Hoje, no entanto, temos uma grande variedade de configurações familiares. Um grande número de pessoas trabalha em casa.

Enquanto a proximidade com a vida familiar é benéfica de muitos modos, às vezes é vantajoso ter um espaço de trabalho separado da agitação da vida caseira cotidiana. Um anexo da construção retangular ou quadrada pode ser o local ideal para um espaço de trabalho.

Meu marido e eu trabalhamos em casa, os dois. Quando construímos um anexo em nossa casa, construímos de propósito dois ambientes de trabalho ligados à construção principal, como as asas de um pássaro. Livre das distrações entre nós e da vida familiar, sentamo-nos às nossas escrivaninhas todos os dias, cuidando do que temos para fazer. Além disso, quando terminamos o trabalho, podemos voltar a um espaço que não tem ligação visual com o nosso lugar de trabalho. Não temos de passar por escrivaninhas cheias de papéis a exigir nossa atenção. Podemos relaxar e usufruir a comodidade de estar em casa.

Desse modo, por toda a sua validade, o sistema de crenças do *feng shui* não é aceitável para as outras culturas, a menos que sua essência seja extraída de suas diretrizes. O *feng shui* deve ser sintetizado com outros corpos de conhecimento para reunir-se às exigências específicas da cultura, da geografia, do clima e da singularidade humana. Quando isso é feito, *feng shui* torna-se um velho amigo. Tendo em vista esse fim, *Feng shui: o livro das soluções* simplifica métodos para identificar as condições negativas em nossa vida e depois transformá-las em positivas.

Entretanto, é preciso ter em mente que as regras do *feng shui* não podem ser aplicadas como um curativo. O *feng shui* não é uma pílula para se tomar. *O conhecimento da pessoa* é parte indispensável para se utilizar as recomendações do *feng shui*. Personalidade, idade e preferências devem ser levadas em conta na interpretação dessas orientações. *O conhecimento de uma cultura ou subcultura* também determina muitos fatores do ambiente. Os espaços em que vive uma família escandinava, na qual a igualdade é respeitada, são muito diferentes daqueles em que vive uma família patriarcal sul-americana pertencente ao esplendor da classe mais alta. *O conhecimento do clima* serve também como elemento no processo de tomada de decisão. Terraços ou alpendres serão usados com maior freqüência nos climas do sul do que nos Estados do norte. Muitas vezes me perguntei por que os terraços em condomínios recentemente construídos parecem ter a mesma largura, independentemente de onde sejam construídos.

Usemos a mesma abordagem para o *feng shui* quanto ao vestuário. A maioria de nós sabe o que lhe parece bem e o que evitar. Selecionamos as roupas que se adaptam à nossa imagem, à idade e às proporções do corpo. Do mesmo modo, usemos as regras do *feng shui* adaptando-as às particularidades de nossa própria vida.

Que este livro seja um guia para o entendimento e a conquista de melhores condições ambientais para nossa vida. É preciso lembrar que a essência do *feng shui* é criar espaços para viver e trabalhar que possam acrescentar muita satisfação à nossa existência.

3
Escolas de *feng shui*

As idéias inerentes ao *feng shui* vieram à luz em função da necessidade humana de codificar informações sobre o mundo que nos circunda. Diversas escolas de *feng shui* se desenvolveram e contaram com muitos instrumentos para interpretar a idéia de que a pessoa e o lugar estavam estreitamente ligados.

Existem duas escolas tradicionais de *feng shui*. Uma é a escola da forma, que baseia suas descobertas na interpretação da aparência dos objetos no mundo físico; a outra é a escola da bússola, que analisa o espaço baseada em agulhas magnéticas no centro de círculos que representam até trinta e seis categorias diferentes.

A escola da pirâmide, que é a focalizada neste livro, é uma escola mais nova do *feng shui*, e ela reconhece a universalidade de seus conceitos e os desenvolve, incluindo descobertas contemporâneas nos campos da biologia, da psicologia, da arquitetura e do planejamento urbano.

A escola da forma

Na vida, a maior parte do consumo de energia da nossa consciência advém da observação. Usamos nossos olhos mais do que qualquer outro sentido para discernir o mundo à nossa volta. A escola da forma do *feng shui* usa o sentido da visão para detectar figuras, cores e texturas e, em seguida, interpretar seus significados para a condição humana.

A escola da forma olha para certos aspectos do mundo e neles constata interpretações positivas ou negativas para os que vivem observando essas formas. Uma montanha, por exemplo, tanto pode ser uma ameaça quanto uma proteção, dependendo de sua interpretação visual. De acordo com a escola da forma, uma montanha cuja topografia linear assemelha-se a um dragão é positiva, porque os antigos chineses acreditavam que os dragões auguravam boa sorte.

A escola da bússola

A escola da bússola do *feng shui* não é muito seguida hoje em dia. Ela seleciona os melhores espaços para viver baseada em cálculos feitos com a ajuda de uma agulha magnética que gira em torno de um disco. Esta difere da bússola tradicional porque tem até trinta e seis círculos concêntricos que representam aspectos da informação dependentes dessa leitura fixa. No mundo contemporâneo, a leitura de uma bússola freqüentemente não é exata porque nossos edifícios estão cheios de metais que a distorcem. Quer os objetos estejam visíveis, como aplicações, móveis ou molduras de pinturas, quer escondidos, como instalação elétrica, montantes do edifício ou pregos, nossas casas estão abarrotadas de metais. Como conseqüência, é impossível que possamos realizar uma leitura confiável com a bússola.

A escola da pirâmide

Um partidário da escola da forma escolherá uma montanha em forma de dragão como terreno auspicioso, justamente pela existência dessa forma. Um seguidor da escola da pirâmide poderá escolher o mesmo local, mas explicando sua escolha do seguinte modo: uma montanha em forma de dragão ondula suavemente em direção a um vale, em vez de ter linhas que desçam verticalmente. Uma montanha com um declive moderado não fará a água escorrer violentamente para o leito do vale. Ela também oferece um acesso mais fácil para os seres humanos. É de longe mais fácil viver numa casa situada perto de uma montanha com declive suave do que numa casa situada na sua contraparte íngreme. A escola da pirâmide diz que é auspicioso assentar uma casa numa montanha com essa forma, quer nela você enxergue ou não a silhueta de um dragão.

Essa interpretação das montanhas é um exemplo de como a escola da pirâmide vai além do antigo *feng shui* ao interpretar os conceitos de um ponto de vista ocidental contemporâneo. Somos um agregado de influências externas e internas. A união dos elementos que constituem a individualidade inclui considerações de ordem biológica, a configuração genética e as condições específicas de família, comunidade, estado, país e religião. Cada um favorece propensões que devem ser respeitadas. Eliminar uma parte do quebra-cabeça humano acarretaria um cenário incompleto. O *feng shui* é insustentável quando não filtra todos os segmentos. A escola da pirâmide leva em conta todos os segmentos ao reconhecer que vivemos em condições culturais e sociais diferentes e, em alguns lugares, diferentes das condições climáticas dos chineses.

Mais nos convém discernir as nuanças de nossas condições culturais e sociais de modo a poder criar um estado de espírito de mudança em harmonia com a nossa vida, nossas atitudes e costumes. Por exemplo, o *feng shui* tradicional acha alguns números favoráveis e outros desfavoráveis. Algumas dessas idéias são baseadas na sonoridade das palavras em chinês. A palavra chinesa para o número quatro soa como a palavra *morte* em inglês [*death*], de modo que o quatro é desfavorável em chinês. Mas em inglês a palavra quatro [*four*] não soa como a palavra morte [*death*]. Por conseguinte, para nós (que falamos inglês) considerar o número quatro desfavorável, com base na sonoridade chinesa, não parece razoável.

Do mesmo modo, enquanto o antigo *feng shui* sugere que o quarto do proprietário se situe na parte de trás de uma casa, a escola da pirâmide considera a configuração da família como de importância fundamental na localização de qualquer quarto assim como de um detalhe arquitetônico ou de um móvel. Não há um lugar melhor para todas as situações. *O melhor* lugar leva em conta condições específicas como cultura, clima e sociedade.

Uma família com crianças não será favorecida com o quarto do dono da casa situado nos fundos, se isso significar separá-lo dos quartos dos filhos, ou pôr o quarto dos filhos mais próximo da porta da frente. A separação só faz contribuir para um sentimento de dissociação, e o quarto do dono da casa precisa ficar numa posição que permita aos pais cumprir seus papéis de protetores.

Por outro lado, uma família sem crianças poderá às vezes ser beneficiada se os quartos forem separados do centro da casa. Seja como quarto de hóspede, escritório ou biblioteca, seu uso geralmente é bem-sucedido quando existe essa separação.

Combinar os diversos aspectos do estilo de vida, da cultura e das condições sociais é o tema que rege a escola da pirâmide. Usando uma pirâmide dividida para representar as partes do todo, a hierarquia da importância começa na superfície, a fonte da vida. Cada camada depende da camada de baixo para continuar a existir.

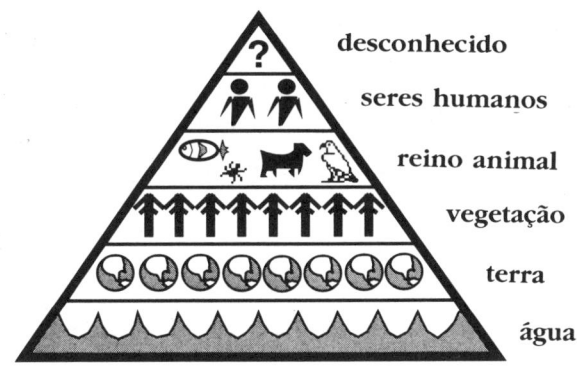

A pirâmide da vida

Água

Exatamente como o óvulo fecundado se desenvolve num fluido amniótico, a vida surgiu do barro primordial, cujas propriedades são semelhantes às da água. Mesmo se tivermos todos os ingredientes necessários, não poderemos fazer uma sopa, a menos que tenhamos um líquido que possa absorver e juntar os conteúdos. Trata-se da base da qual vem à luz a vida. Suas propriedades são o elixir que dá nascimento à variedade de formas da vida no nosso planeta.

Terra

A terra nos contém. É uma concha que traz em si todas as partes. Tal como nossa casa, ela nos provê com limites que nos protegem.

A vegetação

A maior parte da vegetação não se consome a si mesma nem aos demais para vicejar. Utilizando a vitalidade da terra e da água, a vegetação conserva a existência por meio da verdadeira não-violência. Nem mesmo as sementes consomem do mesmo modo que nós — elas subjugam, em vez de matar intencionalmente.

O reino animal

O reino animal é mais complexo. Os animais precisam alimentar-se de outras espécies para sobreviver, comendo plantas ou outros animais. Quando a dinâmica entre a provisão de recursos e o uso que se faz deles perde o equilíbrio em função do excesso, ambas as espécies declinam.

Os seres humanos

No alto da pirâmide, situa-se a espécie humana. Únicos como espécie, temos o potencial de impacto de um modo que nenhuma outra criatura terrena tem. Demonstrando falta de sensibilidade para com a situação das formas de vida responsáveis pela nossa existência, os humanos exauriram e destruíram as fontes de recurso necessárias para a sobrevivência. Atribuímos valor excessivo ao papel que nós mesmos desempenhamos no esquema da vida como um todo.

Como uma parte minúscula e dispensável do todo, devemos considerar nosso lugar nesta terra como uma dádiva, que deve ser estimada e cuidada. Usar nossas paixões e nossas forças com vistas a lograr a felicidade pessoal de contribuir com o bem para o todo faz com que sejamos recompensados de modo imprevisto.

Podemos prosperar mais entendendo as nuanças entre o suficiente e o excessivo.

O desconhecido

Seria ingênuo achar que o nosso conhecimento é completo. Vimos em uma era a ciência e a filosofia tombarem como blocos da torre de brinquedos de uma criança. Como disciplina, a escola da pirâmide se empenha em continuar moderna e consolidar o conhecimento da mudança sob a proteção do *feng shui*. Os urbanistas, arquitetos, paisagistas, desenhistas de interiores, psicólogos e biólogos ajudaram a consolidar o ingresso de muitas disciplinas num corpo viável de conhecimento que nos permitirá prosperar no lugar em que estamos, nesta terra, sem comprometer a integridade e o bem-estar do todo.

Este livro escolheu a escola da pirâmide como a melhor perspectiva para interpretar o *feng shui*. A escola da pirâmide procura revelar a erudição como apoio à intuição, consolidar as bases para a compreensão, explorando os motivos que estão por trás de cada ditado antigo. Quando entendermos o que torna maléfica uma situação específica, provavelmente poderemos realizar a cura por meio das sugestões deste livro ou invocá-las por meio da imaginação. O destino é mais importante do que o roteiro, pois o destino é fixo, ao passo que o roteiro depende da sua escolha.

4
Os ingredientes do *feng shui*

O *feng shui* baseia sua interpretação em três princípios filosóficos. As idéias do Tao, do yin e yang e do chi estão enraizadas na cultura chinesa, do mesmo modo que a vida, a liberdade e a busca da felicidade integram a nossa cultura.

Tao: estar ligado

Assim como a cadeia do DNA reúne características para formar um ser humano, o Tao é um meio para um fim. A palavra *Tao* pode ser traduzida como "o caminho". Como um canário numa mina de carvão, uma vegetação doente freqüentemente prediz a desintegração humana. Estamos ligados a todo o sistema da vida, e nossa existência não pode ser separada das forças vitais à nossa volta. Mesmo quando não podemos perceber isso, cada parte da vida depende de outra para criar um todo. Quando uma parte é destruída, toda a unidade se desfaz. Não ter essa ligação prejudica a nossa vida.

Como pode o taoísmo ser aplicado a uma casa? Um dos modos seria recriando formas e experiências do exterior. Você tem alguma planta, pintura ou paisagem, ou até mesmo cores semelhantes às que estão do lado de fora de sua casa? Sua casa tem um sentido de ligação de um piso a outro, de uma sala a outra? Cor, estilo, móveis ou obras de arte podem ser o fio que liga cada parte de uma casa.

Numa consulta recente, observei uma disparidade entre os membros de uma família. Os pais eram pessoas em evidência que trilharam muitos caminhos espirituais, como a meditação, o hábito de comer alimentos integrais, de evitar drogas que alteram a mente e de permanecer fisicamente ativos. Por toda a casa, isso era evidente nas fotos de maratonas, das viagens exóticas que fizeram; além disso, uma das salas fora mobiliada exclusivamente para servir de refúgio à meditação.

O quarto do filho deles era uma exceção. A não ser pelas gravuras de pés de marijuana, o quarto pouco tinha de diferente de um quarto de motel. Não havia nada que identificasse o seu "eu" ou aquilo de que ele gostava, além dessa erva solitária. O modo como o quarto de um filho está ligado emocional, visual e filosoficamente a um ponto de vista dos pais é uma parte das considerações do Tao. O quarto do rapaz era a bandeira vermelha que mostrava como ele estava se separando dos pais.

Quando a natureza, as pessoas e suas preferências são isoladas numa área exclusiva e não partilhada pelo todo, problemas podem estar se formando. De que modo os fios da vida de cada membro da família se tecem no grande quadro é um elemento crucial para o Tao de uma casa.

Os habitantes de uma cidade raramente têm um grande grau de ligação visual com a natureza. Ainda assim, é possível que aqueles que vivem em uma paisagem criada pelo homem prosperem. Você gosta do que vê? O ambiente alterado é satisfatório? Sente-se satisfeito com a vida? A paisagem que vê inclui uma rua próspera, cheia de lojas e restaurantes elegantes, ou você está enclausurado, longe da vida da rua, com a visão de um poço de ventilação entre dois edifícios?

Estar no Tao é estar ligado. Seja a sua casa rural, suburbana ou urbana, para ter uma paz profunda você deve se sentir positivamente integrado aos seus arredores.

Yin/Yang: como encontrar o equilíbrio

Yin e yang representam opostos, como alto e baixo, grande e

pequeno, quente e frio. Ao contrário de nossa idéia ocidental de antagonismo dos opostos, eles são complementares.

Tomem em consideração um ioiô. Esse brinquedo funciona utilizando-se dois extremos em uma relação equilibrada entre um e outro. Sem um dos extremos, um ioiô não pode funcionar. Ele precisa do "para cima" tanto quanto do "para baixo". Yin e yang sempre precisam um do outro para equilibrar um jogo, o quarto de uma pessoa, ou a vida dela.

Yin	Yang
cores escuras	cores claras
cores esmaecidas	cores brilhantes
linhas curvas (móveis)	linhas retas (a maior parte do equipamento de escritório)
luz embaçada	luz brilhante
umidade (porões)	secura (sótãos)
baixo (sofás)	alto (móveis com aparador)
silencioso (a maior parte dos banheiros)	barulhento (salas próximas de ruas movimentadas, de cozinhas)
almofadas macias	bancos de madeira
passadeiras nas escadas	espelho nos degraus da escada
paredes vazias	prateleiras cheias de livros
redutores	crescimentos (plantas)
esconderijos (armários, luz suspensa)	óbvio (mesa de sala de jantar)
ligado à terra (mobília com assento)	urbano (escrivaninhas)
frescor (janelas, ventiladores)	calor (fornos, ventilação aquecida)
imóvel (cadeiras)	ativo (ventiladores, cadeiras de escrivaninha com rodinhas)
odores (mofo)	fragrâncias (velas, cozinha)

Uma personalidade yin é reflexiva, introspectiva, calma e realista ao passo que uma pessoa yang é expansiva e falante, é amiga dos esportes e "pula da cama" antes que o despertador pare de tocar. No entanto, até mesmo uma pessoa reservada precisa ser social, tão social quanto uma borboleta precisa de alguma tranqüilidade de vez em quando. Uma pessoa sem equilíbrio com freqüência acaba tendo um esgotamento nervoso e físico.

O quadro acima apresenta uma lista de características yin e yang tal como foi definida pelos antigos, com exemplos de como elas podem ser aplicadas a uma casa ou escritório.

Lembrar o que yin e yang significam importa menos do que prestar atenção ao lugar em que cada condição se insere num *continuum*. Os extremos só podem ser tolerados por um curto período de tempo. Manter-se num confinamento solitário ou nunca poder ficar a sós são ambos inaceitáveis como experiências freqüentes na vida. Assim, quando você estiver examinando a sua casa, veja se alguma área está mais "carregada" em uma direção. Se estiver, descubra se a energia que está sendo causada pelo desequilíbrio lhe é apropriada. Para motivá-lo a criar e traduzir pensamentos em ação, seu escritório pode precisar de mais yang (energia ativa) do que yin (energia passiva). Por outro lado, um quarto é o exemplo perfeito de um aposento que pode ser mais energizado com vistas ao yin. Ali precisamos nos sentir bem, confortáveis e envolvidos com a estabilidade e a quietude.

Para acrescentar yin
1. Use menos luz (uma lâmpada de voltagem menor).
2. Use assentos de encosto baixo ou móveis que tenham a metade da altura do quarto.
3. Use cores esmaecidas ou escuras (vinho, em vez do vermelho vivo).
4. Acrescente fontes de água gasosa.
5. Use móveis ou padrões de tecido com linhas curvas.
6. Use tecidos que sejam suaves, sedosos ou aveludados.
7. Contribua com o silêncio (desligue o rádio ou a tevê).
8. Desligue os ventiladores de teto ou condutos de ar.
9. Fique sozinho.

Se você perceber desequilíbrio num aposento em particular, acrescente o elemento que esteja em falta.

Eis um exemplo de como adaptar as condições num quarto para se sentir mais confortável e ficar em harmonia com suas necessidades. Se um quarto estiver muito carregado de yang, use lâmpadas de voltagem menor, cubra o computador com um pano de cor neutra ou ponha na frente da janela uma planta.

Por outro lado, ao sentir-se desmotivado, desatento e cansado, procure aumentar a energia yang no seu escritório, na cozinha ou na sala de recreação. Nesses casos, aumentar a luz, usar cores brilhantes e música, ou pendurar as ferramentas do seu trabalho nas paredes próximas pode contribuir para a inspiração que você precisa.

Para acrescentar yang
1. Use luzes mais brilhantes.
2. Use móveis altos, como cadeiras de espaldar alto.
3. Acrescente cores vivas.
4. Use um desumidificador para que o ar fique mais seco.
5. Use tecidos de uma só cor ou com listas verticais.
6. Contribua para aumentar a sensação de atividade valendo-se do movimento e do som — relógios com seu tique-taque ou joguinhos para pôr em cima da mesa.
7. Ligue ventiladores ou abra a janela para que a brisa entre.
8. Deixe à vista livros, objetos ou qualquer forma de arte.
9. Convide alguém para fazer-lhe companhia.

Chi: vitalidade

Dei uma risada ao ver no dicionário a palavra *vitalidade* e ao descobrir esta definição: "a capacidade de distinguir o vivo do não-vivo". Chi é vitalidade. Todos os espaços são receptáculos para a vida e precisam de chi, embora a quantidade exigida dependa da função do aposento. Sem o chi nada existe. Com muito chi vigora o caos. O chi deve fluir pela casa naturalmente, livremente, e com dignidade. Jamais deve ficar estagnado ou retido. Se uma passagem que vai dar no canto principal de um quarto, ou se outras áreas da casa estiverem bloqueadas, sua tarefa será eliminar o obstáculo. Se você tiver que "se espremer" entre os móveis para entrar ou sair de um conjunto de estofados, então sua tarefa será liberar o chi, retirando do lugar algum móvel.

O chi não pode fluir livremente quando os móveis estão muito próximo uns dos outros num conjunto de estofados

É mais comum que sejamos atraídos pelas qualidades chi nas pessoas, nos lugares e nas coisas, do que o contrário. Não faz muito tempo, na esperança de provocar o interesse de uma amiga para encontrar-se com um amigo, peguei-me descrevendo apenas suas qualidades chi. Disse-lhe que ele era engraçado e brilhante, que jogava tênis e pilotava um avião. Ela pareceu interessada. Eu provavelmente não teria provocado seu interesse por ele se tivesse lhe contado que sua cor favorita era o verde, que usava camisetas de gola ou que lia o *Miami Herald.*

O chi não flui de modo misterioso. Ele é uma energia que nos arrasta em certas direções e exige atenção. Para identificá-lo basta olhar para onde se sentir inclinado a se deslocar, e atentar para o que vir em primeiro lugar. Como o sangue que corre pelo corpo, o chi é um caminho para os espaços vivos. Dê ao chi um espaço adequado para que flua pelas áreas principais numa casa e será recompensado ao se sentir energizado, forte e positivo. Defrontar-se com uma parede ao entrar numa casa pode deter o chi, enquanto uma escada diretamente oposta à porta da frente pode tirá-lo do principal espaço de convivência.

Você pode avaliar o fluxo do chi por toda a casa ou para um canto do cômodo. As passagens internas de uma casa, o centro de um quarto ou como cada objeto é arrumado sobre uma mesa podem determinar o chi dessa área específica. Considere como uma mesa de coquetel vazia diante de um sofá pode mudar quando alguns poucos objetos são dispostos sobre ela. Ela se transforma: depois de ser desprezada, passa a chamar a atenção.

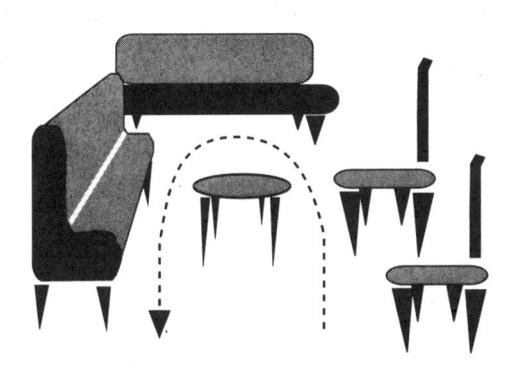

A solução é afastar uma peça do mobiliário para deixar que as pessoas e o chi se movimentem entrando e saindo livremente

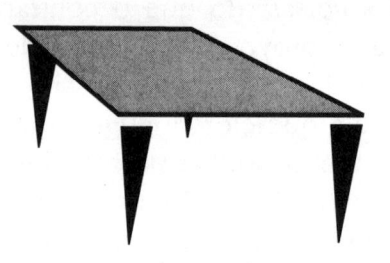

Uma mesa sem adornos geralmente é desprezada; uma mesa decorada com objetos chama a atenção

De uma casa inteira ao desenho de um prato, o chi é o único atributo que pode alterar qualquer essência. Onde o chi levar, você o seguirá.

A seguir, damos uma lista das condições que podem melhorar ou inibir o fluxo do chi numa casa.

O chi acentuado	O chi inibido
passagens	paredes
janelas	portas fechadas
espaço aberto	atravancado
luz	escuridão
conforto térmico	muito calor ou muito frio
círculos e linhas onduladas	cantos, triângulos
objetos que balançam ao vento	falta de movimento

5
Os cinco elementos

Antes que a ciência e a lógica tivessem criado a receita para a identidade de uma cultura, os seres humanos confiavam no senso comum, na intuição e na observação para responder às perguntas. E mesmo com as pesquisas de hoje, com a lógica e com as explicações disponíveis para justificar nossas crenças, temos de confiar, em certo sentido, na crença. Na maior parte dos casos, reconhecemos a verdade quando ela é posta à luz, mesmo quando não existe nenhum apoio científico. Do mesmo modo, todos os seres humanos percebem os cinco elementos. Fogo, terra, metal, água e madeira estão de tal modo integrados ao nosso conhecimento, que poucas palavras são necessárias para explicar como nos sentimos a seu respeito.

Os cinco elementos são os ingredientes principais da sopa do *feng shui* e devem ser misturados de um modo especial, ou os resultados não serão agradáveis. Um pão seria duro como um prego em vez de tenro e leve se o fermento fosse acrescentado no momento errado. O tempo e a proporção são essenciais.

Se você pensa no modo como sente cada elemento, perceberá que sua essência toca uma corda do senso comum. O fogo, por exemplo, é dinâmico. As chamas alteiam-se, consomem-se e enchem a atmosfera de calor. Como o fogo se combina positiva ou negativamente com os outros elementos, e como essas relações têm aplicação na nossa casa ou escritório são também matérias do senso comum.

Na casa, o fogão é, obviamente, um elemento do fogo. Um refrigerador esfria pela manipulação do elemento água. Pôr um fogão (fogo) perto de um refrigerador (água) nos choca inconscientemente tanto quanto uma unha arranhando um quadro-negro, porque a água apaga o fogo. Por conseguinte, é melhor separar o fogão de um refrigerador ou um elemento de fogo do elemento água.

O fogo também produz terra na forma de cinzas. Além do mais, a terra não pode ser consumida ou abrasada. Por conseguinte, localizar um elemento fogo ao lado de um elemento terra é positivo. Um ambiente com uma lareira de tijolo, pedra ou telha é certo em parte porque fogo e terra estão numa relação positiva.

Finalmente, há momentos em que queremos aumentar ou diminuir as propriedades de um elemento em relação à sensação causada. Num dia gelado de inverno, nos sentiremos mais aquecidos se um elemento do fogo for aumentado através da cor (vermelho) ou da linha (triangular). Ao estofar uma cadeira com um tecido grosso de um vermelho vivo, em vez de estofá-la com um pano fino, leve, estamos aumentando o elemento fogo.

Relações positivas dos elementos

O fundamental de uma relação positiva está na capacidade de um elemento prestar ajuda à criação ou liberação do outro.

1. Do fogo para a terra: restos de fogo produzem terra.
2. Da terra para o metal: contidos na terra estão os componentes que se combinam para criar os metais.
3. Do metal para a água: essa relação pode ser comparada a uma associação positiva entre pais e filhos. Os pais fornecem o forte receptáculo no qual uma criança viceja. Seu papel não é diferente do papel do metal — imutável, forte e corajoso. No entanto, os pais devem deixar que os filhos evoluam para se tornarem adultos e deixarem o ninho. Não abandonamos uma criança na soleira da porta para enfrentar o mundo adulto como se estivéssemos jogando um bal-

de de água pela porta da frente. Assim como a água exsuda do metal pela condensação, o crescimento ocorre aos poucos, gota a gota, até que os filhos tenham-se transformado em adultos.
4. Da água para a madeira: a água é o apoio da vida para a madeira.
5. Da madeira para o fogo: a madeira fornece combustível para o fogo.

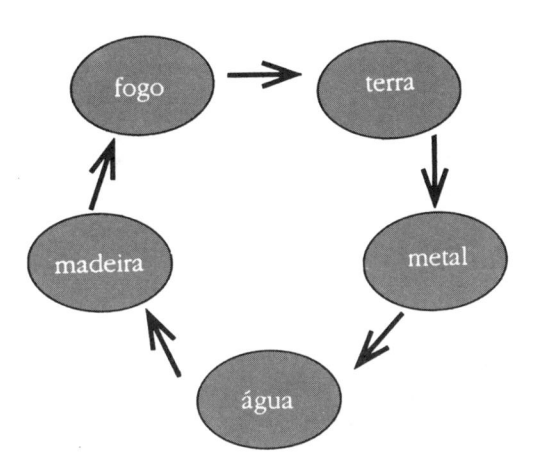

As relações positivas dos elementos

Relações negativas dos elementos

Inverter a direção produz uma relação negativa.

1. Do fogo para a madeira: o fogo consome a madeira.
2. Da madeira para a água; a madeira absorve a água.
3. Da água para o metal: a água pode corroer o metal.
4. Do metal para a terra: o metal absorve a terra para produzir a si mesmo.
5. Da terra para o fogo; a terra pode apagar o fogo.

Relações neutras ou negativas dos elementos

Finalmente, os elementos que se cruzam um com o outro podem ser neutros ou negativos.

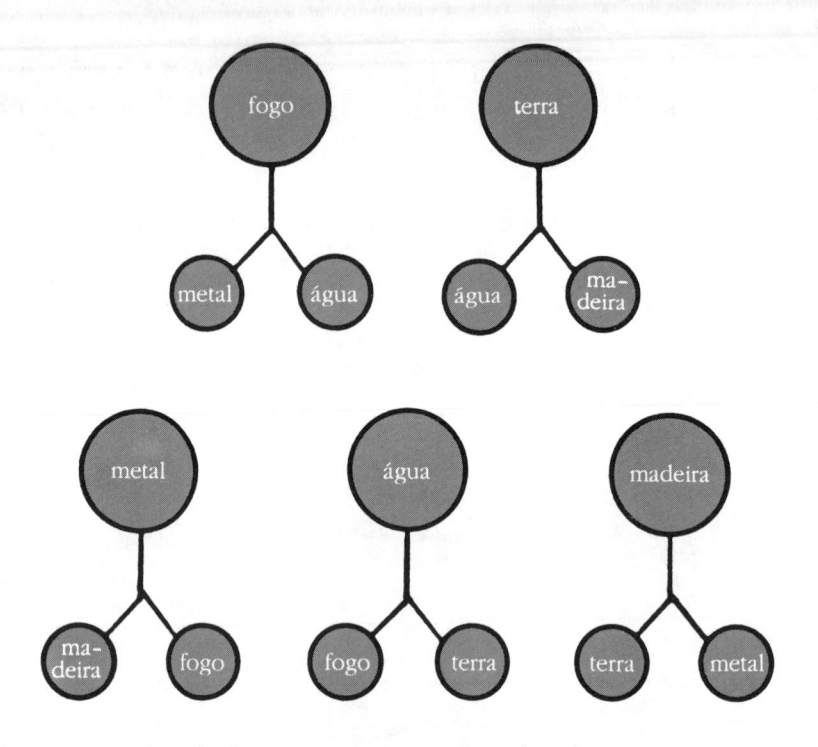

As relações neutras ou negativas dos elementos

Do fogo para o metal ou a água

1. Do fogo para o metal: o metal conduz o calor rapidamente e pode se tornar quente ao toque. O metal também conduz rapidamente o frio e pode diminuir certa sensação de calor nos casos em que o elemento fogo precisa ser aumentado.
2. Do fogo para a água: a água pode salvar uma casa em chamas, mas também pode apagar a fogueira que garante a sobrevivência num acampamento.

Da terra para a água ou a madeira

1. Da terra para a água: assim como um rio pode deslocar massas de terra seguindo seu curso, a água pode erodir a terra.
2. Da terra para a madeira: a terra supre a madeira com nutrientes para que se desenvolva, mas, ao fazer isso, se exaure lentamente (obviamente, se não for reabastecida).

Do metal para a madeira ou o fogo

1. Do metal para a madeira: o metal é um material mais forte do que a madeira, e numa competição em que se usasse, por exemplo, uma arma de fogo e o arco e a flecha, a arma de fogo venceria. O metal, na forma de machado, pode contribuir para a vida ao ajudar a abater uma árvore.
2. Do metal para o fogo: o fogo aquece o metal e pode deixar o metal muito quente para o toque, ou pode fazer com que o metal irradie o calor num dia frio de inverno.

Da água para o fogo ou a terra

1. Da água para o fogo: a água pode apagar o fogo.
2. Da água para a terra: a terra pode dominar a água. Umedecemos montes de terra para encher pântanos e ganhar massa de terra. Enquanto a terra temporariamente pode dominar a água — como um molhe construído para evitar a erosão do litoral — o tempo reverterá seus efeitos e a água triunfará.

Da madeira para a terra ou o metal

1. Da madeira para a terra: a madeira consome os nutrientes da terra, mas as duas podem gerar uma árvore saudável que dê sombra ou forneça material de construção.
2. Da madeira para o metal: a madeira pode se unir de modo inadequado quando combinada ao metal. A umidade ou secura pouco muda a forma do metal, ao passo que a madeira se dilata e se contrai com facilidade. Uma armação de metal pode separar-se da base de madeira porque as reações do metal e da madeira são sincronizadas.

Os cinco elementos podem ser representados pela cor, pela forma, pelo material, pelo uso, pela direção e pela emoção, como também pela sua fonte direta. Quando uma situação requer adaptação, um modo de efetuar a mudança é acrescentar a cor, a forma, o material ou a emoção que cada elemento expressa. Quando você está no fundo do poço, acrescente um pouco de energia do fogo ao ambiente. Quando está nervoso por causa de um exame em pendência, acrescente a energia da água ao ambiente. Quando precisa ser corajoso, acrescente madeira. Quando precisa desenvolver-se mentalmente, acrescente metal. Eis como fazer isso.

O fogo pode ser expresso:

Pela cor: Vermelho, a cor da chama. Energizante, atraente e impulsiva.

Pela forma: Triângulo, a forma da chama. Dinâmica e transitória, como num triângulo amoroso ou o triângulo das Bermudas.

Pelo material: Embora o fogo raramente seja um material apropriado para uma construção ou mobiliário, o padrão de um material pode expressar esse elemento. Azulejos assentados em ziguezague, tecidos com desenhos de chamas ou guardanapos dobrados em forma de triângulo — tudo isso atrai a energia do fogo.

Pelo uso: Para aquecer interna ou externamente. Enquanto um forno aquece a comida, um guardanapo dobrado em forma de triângulo contribui com o suco digestivo que flui de forma dinâmica.

Pela direção: Sul, rumo ao calor e ao sol; essa é a direção do fogo no Hemisfério Norte.

Pela emoção: Incitar ou iniciar. A energia exigida pelo trabalho intelectual, emocional ou espiritual é aumentada pelo fogo. Este é usado freqüentemente nas cerimônias para dar início a eventos importantes. Carregar a tocha nos jogos olímpicos, meditar diante de uma vela e adornar uma mesa de jantar com velas, tudo isso evoca a idéia de entregar-se a uma experiência, seja ela uma vitória no atletismo, um despertar espiritual ou o apetite para se alimentar devidamente. O fogo, num sentido emocional, não acalma o coração; de preferência o cresta, tornando-o mais receptivo.

A terra pode ser expressa:

Pela cor*:* As cores primárias são tão importantes à vida quanto os elementos da terra, do fogo e da água. Porque o fogo e a água estão associados ao vermelho e ao azul, respectivamente, e porque a terra é uma fusão de tonalidades cheias de nuanças das cores amarela, terracota e marrom, parece apropriado que a terra esteja associada a essas cores.

Pela forma*:* O quadrado representa o espírito da terra, pois vemos a terra como um receptáculo para a vida humana. Nossa forma física, em que predomina a linha reta, exige uma maior parte de linhas ininterruptas; não podemos sentar ou dormir confortavelmente numa superfície curva. Assim como o lar, a terra foi projetada para nos proteger e nos fazer sentir seguros; linhas retas iguais fazem-nos sentir estáveis e firmes. Uma casa baixa e quadrada, uma sala quadrada, uma cadeira baixa, um sofá baixo e uma mesa quadrada são formas da terra.

Pelo material*:* Barro, tijolo, lama e cimento.

Pelo uso*:* Qualquer objeto que transmita estabilidade, limites e unidade pode despertar um sentimento do elemento terra. Uma mesa de café quadrada e baixa, uma cama dupla, bandejas, computador e tela de tevê, bem como os vãos debaixo dos queimadores do fogão podem irradiar uma sensação de estabilidade, de limites e de unidade no território que dominam.

Pela direção*:* A terra está associada a um centro. Achamos o nosso centro em nós mesmos; por conseguinte, a terra representa a si mesma.

Pela emoção*:* Sentimo-nos tranqüilos e seguros quando estamos perto dos elementos da terra. Esta nos fixa e enraíza num lugar, sendo um material estimulante para se acrescentar a um ambiente.

O metal pode ser expresso:

Pela cor*:* Branca, ausência de cor, reflete tudo o que a circunda.

O metal, por causa de seu potencial para o brilho, é como o branco na medida em que espelha ou reflete. As cores cinza, cobre, prata e ouro podem refletir as propriedades emocionais do metal porque são, na realidade, as cores de ligas diferentes.

Pela forma: Redonda. O metal produz bolhas arredondadas enquanto é aquecido pelo maçarico do soldador. As moléculas borbulhantes misturar-se-ão às da barra da solda. Se o calor continuar a ser usado além desse ponto, o metal se evapora. Por conseguinte, quando o metal se arredonda, está num ponto crítico: vai se misturar com outro metal, ficará mais forte ou se desintegrará.

Pelo material: Muitos dos materiais da terra apresentam o metal componente, já que a terra contém os ingredientes que o integram. Os computadores, os aparelhos de tevê, os refrigeradores, os rádios, os relógios e objetos que ficam escondidos, como os fios elétricos, as estruturas dos batentes e os pregos contêm os atributos do metal.

Pelo uso: O metal pode ser representado pelos detalhes arquitetônicos em curva, pelas passagens e pelo mobiliário ou por janelas redondas, conjuntos de estofados, mesas, maçanetas de porta, pratos, gabinetes e puxadores de gavetas. O cinza metálico, o cobre e o ouro podem ser representados no tecido, na pintura e no cetim.

Pela direção: Oeste. Absorvemos a força do metal fundamentando nossas experiências. Como o sol se põe no oeste, esse ponto cardeal pode ser associado à potência do conjunto de experiências.

Pela emoção: Discernimento, controle e profunda tristeza. O metal apresenta personalidades divergentes. Muitas culturas, inclusive a nossa, atribuíram certo *status* a alguns metais. Os adornos em ouro e prata, por exemplo, implicam um estilo de vida mais distante do comum. Por outro lado, o metal é freqüentemente usado para impor limites. As barras das prisões, as algemas e a armação metálica de alguns *soutiens* são usados para nos controlar.

O "drama" da transformação do metal, de sólido para gás, passando por temperaturas extremas, lembra as agruras da vida. O sofrimento é conseqüência de extremos, como a mutação ígnea do metal.

A água pode ser expressa:

Pela cor: Azul e preto são as cores da água, pois a luz é absorvida por grandes volumes de água.

Pela forma: Como as ondas durante uma tempestade, a forma da água é mercurial. Linhas onduladas representam melhor esse elemento.

Pelo material: O vidro, como a água, é fluido. Se um caco de vidro ficar apoiado apenas de um lado numa superfície, com o tempo se tornará mais grosso no fundo. As moléculas fluirão de cima para baixo. Como a água, o vidro pode ser transparente e pode obstruir, não necessariamente proteger. Os raios de sol penetram o vidro e a água, mas o movimento do vento é bloqueado.

Pelo uso: Uma sala com mesas de vidro, pias, banheiras, fontes, tanques com peixes ou muitas janelas, tudo isso se liga ao elemento água. Uma faca com serra, uma linha correndo livre num desenho, a serpentina ou um jardim com mangueiras esguichando água no gramado podem assumir as propriedades da água.

Pela direção: Se alguém entra numa gruta, mergulha no mar ou viaja pelo espaço, todas as coisas se tornam mais escuras e mais frias. O norte, o ponto cardeal relacionado com o frio no nosso hemisfério e com os dias de escuridão prolongada, representa o elemento água.

Pela emoção: A água pode consumir através da não-ação. Só pelo volume ela pode desgastar as pedras de uma montanha; basta que ela esteja perto para que a umidade enferruje o metal, transformando-o em poeira, e faça a madeira apodrecer até desintegrar-se. Quando uma corrente de água encontra um obstáculo, ela cede e se desvia. Podemos aceitar uma idéia agindo como a água e cedendo. A água pode nos dar paz de espírito e certo sentimento de unidade, pois definitivamente nos liga às coisas vivas. Quando somos unos com a corrente, podemos encontrar o verdadeiro contentamento.

A madeira pode ser expressa:

Pela cor: O verde representa a vida, o crescimento e a saúde. O verde da folha de uma árvore é o sinal de sua vitalidade. Uma árvore, na sua imobilidade e inexpressão, não evoca cores vivas.

Pela forma: Retângulo. A silhueta de uma árvore expressa crescimento. Enquanto amadurece, o tronco da árvore eleva-se num retângulo cada vez maior.

Pelo material: A madeira, o papelão, o papel e os produtos compostos feitos com madeira, como compensados, chapa de papelão, portas e certas telhas.

Pelo uso: Muitas de nossas construções e móveis são feitos de madeira. Na verdade, é difícil haver uma casa onde a temperatura seja quente e onde não haja madeira de algum tipo. Os ambientes onde não haja madeira são freqüentemente hostis à habitação humana.

Os objetos da casa, como cadeiras, armários, a cabeceira da cama, as tábuas de cortar carne, o cabo de facas, os lápis, o corrimão, a moldura dos quadros, caixas decorativas e lâmpadas são usos típicos da madeira.

Pela direção: O ponto de partida anuncia a promessa de crescimento e mudança, do tipo manifestado por meio de uma árvore. Como o nascer do sol é o início de um novo dia, o ponto cardeal da madeira é o leste.

Pela emoção: A madeira, como o "Golias da vegetação", traz em si o desejo da transformação e do crescimento. Suas permutações evidenciam-se pelas visíveis mudanças anuais. A mudança bem-sucedida inspira-nos a esperança, o risco e a aventura. A madeira congrega a força do que é óbvio e daquilo que está oculto. Com sua capacidade de se expandir sob pressão, a madeira inspira-nos a crescer, embora possa não ser fácil. É tanto uma líder quanto uma seguidora, pois, enquanto se move como as ondas em direção à luz, a madeira pode se curvar para evitar tudo o que estiver no seu caminho.

Como diminuir ou aumentar os cinco elementos numa sala

Se não podemos imitar sempre a natureza, o ritmo da nossa vida deveria se pautar pela sabedoria. Por exemplo, não temos vinte e quatro horas de luz solar todos os dias, em parte porque as criaturas vivas não prosperariam sem um período de inatividade. No nosso ambiente, ter luz brilhante por aproximadamente metade do dia pode gerar a energia necessária e contribuir com o desempenho das pessoas. A energia de uma sala deve estar em harmonia com a finalidade dessa sala.

Agrada-me ter o escritório carregado de energia que me inspire a criar. Só por meio da cor é que mantive o equilíbrio dos cinco elementos no que concerne às minhas necessidades. Acrescentei quantidades apropriadas de fogo, terra, metal, água e madeira por meio de cores que energizassem e infundissem em mim o vigor enquanto escrevo. Para lograr a "centelha" da inspiração, distribuí vermelho vivo por toda essa sala. Um relógio de parede vermelho, piso de ladrilho púrpura, vermelho e preto e um telefone vermelho é quanto basta para a inspiração. Os pés da mesa de um verde acinzentado, cortinas com listras verdes e duas largas riscas verdes e retangulares na parede contribuem com o nascimento de idéias e livros. Uma escrivaninha preta favorece a constância de que necessito para o trabalho, porque a água sempre chega ao seu destino. Paredes brancas e papel para escrever dão o fundo claro para as buscas intelectuais e são a *tabula rasa* sobre a qual posso desenvolver meus pensamentos. Do lado de fora de uma porta de vidro corrediça fica um jardim de ervas sobre um telhado vermelho. Potes cheios de terra sustentam o meu pequeno jardim, que reabastece minha alma enquanto busco caminhos para expressar meus pensamentos. Fico muito contente passando de dez a doze horas por dia nessa sala.

Problemas típicos	Curas por meio da adição dos cinco elementos
barulho ou atividade demais	acrescente o elemento água
necessidade de transmitir idéias	acrescente água
necessidade de relaxar	acrescente terra e água
necessidade de sentir-se firme	acrescente terra
necessidade de eliminar medos	acrescente terra
quieto demais ou indolente	acrescente fogo
necessidade de sentir-se inspirado	acrescente fogo
necessidade de pensar	acrescente fogo, madeira e metal
necessidade de "romper a casca"	acrescente madeira
necessidade de sentir-se mais feliz	acrescente madeira
necessidade de se comunicar	acrescente metal
necessidade de ser culto	acrescente metal

Introduza um elemento complementar, quando falta equilíbrio ao ambiente, ou afaste objetos que agridam o espaço. Por exemplo, uma criança muito ativa numa sala cheia de energia do fogo, elemento que excita e estimula, precisa de água para se acalmar; ao passo que uma criança insegura na mesma sala se intimidaria com essa energia e precisaria da terra para ter certo sentimento de ligação e estabilidade.

Se você estiver sentindo falta de equilíbrio numa sala e não souber por que, verifique se há falta ou excesso de um elemento. Por exemplo, eu poderia diminuir o elemento água representado por cores escuras, usando vários padrões com formas livres e as amplas janelas de vidro, acrescentando mais fogo ou adaptando o conceito de água ao introduzir madeira. Qual dessas escolhas será a melhor deve ser determinado pela experiência.

6
A escola da pirâmide ba-gua: o efeito das diferentes partes de uma sala

Aprendemos a usar as diversas partes de nosso corpo para expressar as emoções e intenções; mas você sabia que as partes de uma sala definem as áreas da nossa vida? Os chineses identificaram as partes de uma sala onde prosperam as experiências humanas específicas. O sucesso ou o fracasso dessas partes da vida, quando realizados nessa sala, dependem de como ela se compõe e da espécie de mobília e objetos que estão lá dispostos.

Raramente pensamos duas vezes em como as partes que constituem o nosso corpo são usadas para expressar as emoções. Enquanto há uma base biológica para o porquê de usarmos os braços para abraçar, por exemplo, a cultura é que determina os atributos de um beijo. O *feng shui* tradicional usa um ba-gua, ou forma octogonal, para identificar o local melhor para as diversas atividades. Existem oito seções para um ba-gua, e a cada seção corresponde uma característica. A escola da pirâmide modifica as antigas áreas do ba-gua de modo a estar em sincronia com a cultura ocidental contemporânea, bem como com a biologia.

O ba-gua baseia-se na idéia de que direita e esquerda têm sentidos inerentes para os seres humanos, exatamente como os hemisférios direito e esquerdo do cérebro têm funções diferentes. O lado direito do cérebro controla a emoção e o pensamento

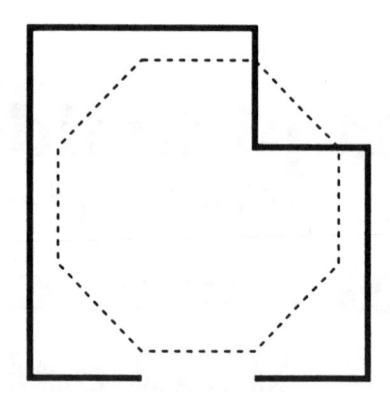

Neste aposento falta o cantinho próprio dos relacionamentos. Quando isso acontece no quarto de um casal, podemos prenunciar um desgaste na relação

abstrato, enquanto o lado esquerdo lida com os aspectos práticos do conhecimento. Os artistas usam o lado direito para criar; os contadores, o seu lado esquerdo para computar. Desse modo, é natural tratar de aspectos importantes para a nossa vida emocional do lado direito de uma sala, e dos aspectos relacionados com o pensamento crítico à esquerda. No conceito do ba-gua, tudo está relacionado com a entrada na sala, de modo que *esquerda* significa aquilo que está à sua esquerda ao entrar; *direita*, aquilo que você pode ver à direita da porta da frente.

Como a maioria das pessoas é destra, a mão direita freqüentemente é usada para expressar amizade e cumprimentar, como quando se dá a mão a alguém. Conseqüentemente, o lado direito de uma sala deveria ter uma ligação mais íntima com as emoções. Os relacionamentos, os descendentes e a compaixão quadram bem à nossa vida emocional.

O lado esquerdo de uma sala deveria ser reservado às atividades cerebrais organizadas e lógicas. Executar alguma coisa com a mão esquerda exige concentração e esforço maiores para muitas pessoas, bem como a sabedoria, a comunidade e o poder.

No centro, como um cata-vento de papel, está a saúde. Quando nos sentimos seguros e fortes, todas as coisas parecem alcançáveis. Como um balão pairando no ar, o eu pode ascender, girando em torno de um centro de prosperidade.

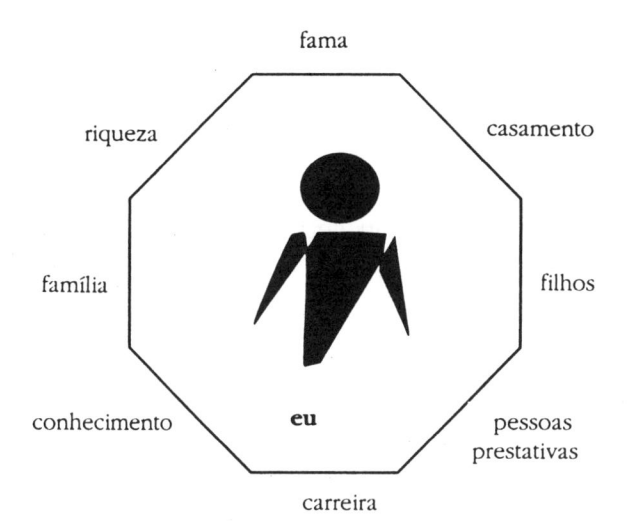

```
           fama
    riqueza     casamento

família              filhos

conhecimento    pessoas
      eu       prestativas
         carreira
```
Antigo ba-gua

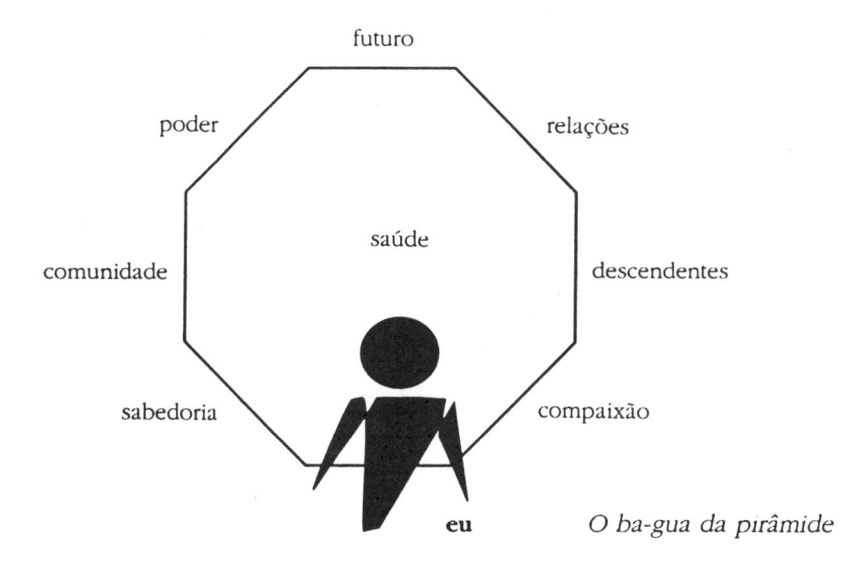

```
          futuro
    poder      relações

            saúde
comunidade         descendentes

sabedoria      compaixão

            eu
```
O ba-gua da pirâmide

Centro: saúde

Alguma vez você já entrou numa sala de espera com todos os assentos encostados na parede? Geralmente, sentimos essas salas sem um "coração", porque o centro é vazio. Até recentemente, os ocidentais tinham a tendência de colocar a mobília em torno do perímetro das salas também nas casas. Só as mesas de jantar, camas e tronos podiam ser colocados no centro; porém, os que trabalham em escritórios com escrivaninhas rentes à parede, e não perpendiculares a ela, geralmente se sentem mais instáveis.

Nas culturas orientais, a mobília se encontra mais freqüentemente no centro físico de uma sala, em vez de estar disposta nas extremidades. Isso porque o *feng shui* ensina que uma casa ou sala sem centro é como um corpo sem coração. O que impede uma família ou grupo de trabalho de se manter à deriva em sua própria órbita é a gravidade exercida pelo centro do espaço.

No ba-gua tradicional, o centro é ocupado pelo eu; a escola da pirâmide traduz isso por meio da saúde. Poder-se-ia dizer que ambos, o eu e a saúde, são o centro da nossa vida — sem paz física e emocional, ficamos amuados, infelizes e exaustos. Por essa razão, o centro de qualquer sala ou casa deveria refletir saúde.

Primeiramente, certifique-se de que o coração de cada cômodo favorece a atividade do lugar. Tenha em mente que o coração não tem de ser necessariamente o centro da sala, enquanto os olhos convergirem em primeiro lugar para essa área de importância, quando as pessoas adentram a sala. Em seguida, certifique-se de que o centro do espaço tem organização e uma visão clara para que isso ajude ocupantes nas atividades fundamentais para a vida. Um ambiente abarrotado de objetos e desorganizado contribui para uma vida frenética e caótica.

Futuro

O futuro é expresso com mais freqüência na forma da distância física (como o sonho de "tocar as estrelas"), de modo que o ponto mais distante da porta numa sala deve estimular simbolicamente os ocupantes a futuras conquistas. Um dos modos de fazê-lo é evocando o passado, talvez com um retrato da família, um troféu, um par de esquis de que se gosta, ou alguma outra coisa que ligue as pessoas a realizações passadas.

Use um objeto que represente uma meta futura. Uma adolescente pode usar uma bola de basquete ou um par de sapatilhas de dança para representar um objetivo, ao passo que um homem de negócios pode utilizar um *poster* com objetivos de venda que dê a medida do crescimento potencial dos negócios numa futura área. Seja o que for que você ouse sonhar, represente isso com um ponto distante.

Relacionamentos

Embora ainda precisemos de ligações significativas e íntimas com os outros, deixamos de censurar os "desvios" das famílias tradicionais. Muitos procuram assegurar os benefícios de uma sociedade sem estarem limitados a um casamento tradicional e, desse modo, a área matrimonial do *feng shui* tradicional é a área das relações da pirâmide. Os relacionamentos tentam satisfazer a necessidade de sermos felizes e estáveis. Como a mão estendida num cumprimento, o extremo lado direito de uma sala representa mais um foco para as relações.

Podemos melhorar essa parte da sala criando espaço para duas pessoas se comunicarem. Colocando duas cadeiras e uma mesa há uma escolha óbvia. Ilumine o local. Realce-o com um halo de luz, com suas cores favoritas e objetos que aumentem o chi, como plantas, objetos que fiquem em movimento ou que refratem a luz como espelhos. Aumente a sensação de integração com objetos de madeira ou com terra. O som ou a visão da água numa fonte, um tanque com peixes ou um vaso com água e flores frescas é outro modo de embelezar esse espaço. Se o espaço em questão não ajuda muito, simplesmente pendure um quadro com dois símbolos (duas pessoas, dois barcos, duas flores, duas pinceladas de vermelho vivo).

Descendentes

Paralelamente às nossas necessidades pessoais existe o desejo de que nossa vida encontre algum sentido depois que tivermos partido daqui. A ciência postula que a base para o sentimento do amor dos primatas por sua prole está na necessidade de repetir sua constituição genética. Como a dependência aos adultos dura mais entre os humanos do que em qualquer outra espécie na terra, os humanos precisaram de um traço que assegurasse o desejo de cuidar da prole imatura por um período mais extenso de tempo. A profunda ligação emocional com a nossa progenitura é, em parte, a adaptação da nossa espécie à necessidade de garantir um cuidado a longo prazo.

Vivemos num mundo cheio de gente. As mudanças biológicas específicas que ocorrem por causa desse grande número de pessoas foram documentadas pelo trabalho de Edward Hall. Suas experiências com roedores revelaram como uma espécie sofre física e psicologicamente quando certo número é excedido. Hall descobriu que o comportamento aberrante, a prole menor e as glândulas supra-renais aumentadas, que levam a mais doenças, eram conseqüências dessa imensa população. Mesmo que cada vez menos pessoas se reproduzam, a necessidade humana de causar impacto sobre as futuras gerações não diminui. Independentemente de termos filhos ou não, é um desejo humano natural estarmos ligados ao futuro. Para os que não se reproduziram, os descendentes incluem os sobrinhos, as sobrinhas, os filhos dos vizinhos ou outras crianças, no ambiente de trabalho ou da comunidade.

No meu escritório, tenho um armário na seção "descendentes". Como o conhecimento é o dom tanto para os meus descendentes biológicos quanto espirituais, mantenho ali uma caixa com os meus livros favoritos. Esse é o modo de honrar meu impacto sobre o futuro.

À parte os retratos de família ou objetos estimados da expressão de si mesmo, a mobília em quantidade considerável, bens a que se dá valor, heranças possíveis de serem transmitidas de geração para geração ou *souvenirs* são apropriados para a parte da sala dedicada aos descendentes.

Compaixão

Ao entrar num ambiente não familiar, sempre me pego à procura de algo a que me segurar. Imagine que você entre no escritório de um patrão e tem, do lado direito, uma mesa que dê apoio e equilíbrio enquanto você entra — um sinal de interesse pelos que entram. Se expressarmos esse cuidado com as pessoas que estão à nossa volta, elas provavelmente serão mais cuidadosas conosco. Os antigos chineses chamavam essa área de o *canto das pessoas úteis*, acreditando que se os objetos apropriados fossem dispostos adequadamente ali, as pessoas estariam do mesmo modo dispostas a ajudar quem o ocupasse. A escola da pirâmide substitui a ênfase sobre "O que há nisso para mim?" colocando-a na compaixão pelos outros. Entretanto, os resultados serão os mesmos: se você for cuidadoso, serão cuidadosos com você.

Olhe para o canto da compaixão ao entrar numa casa para determinar de que modo suas necessidades serão atendidas. Do mesmo modo, tenha a certeza de que estará ajudando as pessoas que entram no seu mundo. Ambos, provedor e receptor, serão beneficiados.

Um móvel maciço, chegando à altura da cintura, é a coisa mais apropriada para se colocar nessa área. Não inunde esta área com luz; nossa transição para dentro de um espaço se torna mais confortável quando não somos o centro imediato da atenção.

Eu

A visão que você tem da vida é determinada pela sua perspectiva. As crianças pensam que todos os adultos são gigantes. A maioria dos adultos vê os jogadores profissionais de basquete como imensos. Se, no entanto, você estiver de pé no alto do Empire State Building, nenhum ser humano lhe parecerá grande. Tudo é uma questão de perspectiva. O ponto pelo qual você entra em uma sala determina o que você vê.

Se você vive numa comunidade típica, é provável que, depois do trabalho, das compras ou da escola, volte dirigindo para casa. Muitas vezes, você entra com seu carro diretamente na garagem, antes de entrar na casa. A porta da garagem torna-se a porta de entrada e, provavelmente, dá para uma despensa ou cozinha. Que entrada! Em muitos casos, a porta de entrada da garagem é feia e pouco atraente e não leva o ocupante ao coração da casa. Com certeza, essa não é o que o arquiteto gostaria que fosse a primeira impressão da casa.

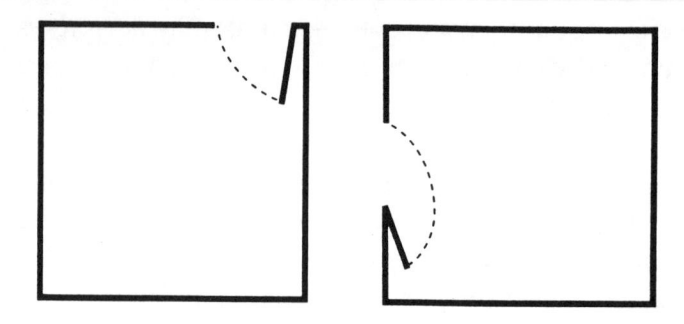

As portas deveriam se abrir rentes à parede com que formam divisa

Seja a porta arquitetônica da frente ou outra entrada, de qualquer modo costuma-se entrar numa casa ou num quarto pela porta da frente. É aí que fixamos o aspecto do eu num ba-gua posto sobre toda uma casa ou sobre uma sala. O eu é a porta para todas as experiências, e você e ela são uma coisa só na soleira de uma sala.

Certifique-se de que o corredor à entrada não esteja atravancado, obrigando-o a se espremer para entrar. O ideal seria que a porta se abrisse rente à parede adjacente, e nada deveria ser colocado atrás dela. Além disso, essa posição vantajosa deveria permitir uma visão livre de toda a sala.

Controles de luz e temperatura são mais bem posicionados na entrada. Tenho uma amiga que mora em uma casa que passou por inúmeras reformas. A entrada mudou algumas vezes, e o interruptor das luzes da sala nem sempre foi colocado logo à entrada. Por conseguinte, muitas vezes, ao voltar para casa à noite, minha amiga e seu parceiro tiveram de procurar pela sala toda o tal interruptor.

O elemento terra nos integra. Disponha objetos feitos de terra junto à entrada. Vasos de cerâmica, um piso de ladrilho ou pinturas de paisagens podem trazer o benefício de nos integrar ao entrar, ligando-nos ao mundo exterior natural.

Sabedoria

Enquanto a escola tradicional de *feng shui* designou a seção de uma sala para o conhecimento, a escola da pirâmide dá mais ênfase ao conceito da sabedoria, que é mais complexo. Conhecer as coisas e extrapolar o impacto do seu significado é o que separa conhecimento e sabedoria. É a sabedoria, a harmonia da experiência e da introvisão, que nos guia com sucesso pela vida.

Materiais para a aprendizagem, como livros, revistas e jornais são apropriados nessa área, assim como uma cadeira confortável e solitária para pensar e contemplar. Como os objetos de metal representam os processos mentais, ponha objetos de metal nessa área para aguçar a sabedoria de quem está nesse cômodo da casa. Fontes e produtos construídos com vidro podem representar a decisão de alguém para permanecer no curso até que o conhecimento evolua para a sabedoria.

Comunidade

A comunidade é um segundo nível da família, e consiste na topografia, na configuração dos edifícios e ruas, e no povo que cria uma ligação através de práticas comuns. As escolas, as leis do comércio, os regulamentos e uma cadeia informal de clubes, praças de esporte e organização de serviço são elementos incluídos na estrutura chamada de *comunidade*.

Viver uma vida com ideais taoístas, respeitando a comunidade como um segundo ramo da família, é um dever. Um objeto de metal colocado nessa posição condiz melhor com os objetivos da comunidade, pois o metal se forma absorvendo o conteúdo da terra. Sua existência depende do que havia no solo, mas sua vida é independente de sua fonte original, do mesmo modo como a comunidade traz em si os ingredientes da experiência da nossa vida, ainda que nós, indivíduos, vivamos independentemente.

Poder

De muitos modos, o antigo *feng shui* concentrou a sua atenção sobre os negócios e a riqueza porque esta era considerada a medida para uma vida bem-sucedida. Hoje, no entanto, reconhecemos que a felicidade pode resultar de outras satisfações da vida, como a família, as idéias ou o trabalho. A verdadeira satisfação está em sentir-se realizado, e nós somos capacitados quando so-

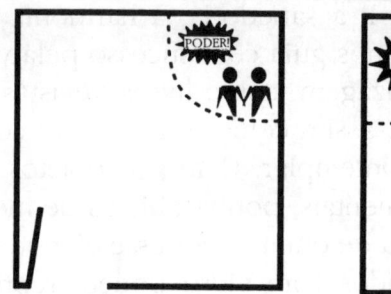

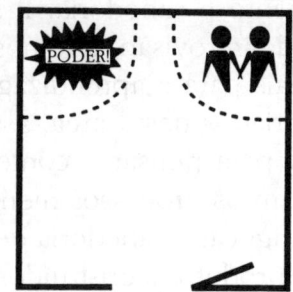

Os cantos do poder e do relacionamento

mos tudo o que podemos ser. Desse modo, o poder pessoal, e não a riqueza, é um alicerce melhor para edificar em nossa busca de contentamento.

O canto do poder de uma sala é o que está mais distante da porta de entrada à esquerda, para ecoar nosso passado biológico, nossa reação envolvendo um "tudo ou nada". Os seres humanos que viviam em cavernas ou habitações de um cômodo só tinham tempo para reagir aos predadores ficando o mais longe possível da entrada. Assim também, uma escrivaninha corretamente colocada no canto do poder proporciona a visão da porta e a possibilidade de reagir a qualquer um que entre na sala.

Se entrarmos numa sala pelo centro, o canto do poder ficará à esquerda. Se entrarmos pelo lado esquerdo, o lado esquerdo fica comprometido, de modo que o lado direito da sala assume o lugar tanto da área de poder como da área de relacionamento. Do mesmo modo, se a entrada da sala fica na extrema direita, então o canto mais distante do lado esquerdo assume o lugar tanto no que diz respeito ao poder como no que diz respeito ao relacionamento.

Para melhorar o canto do poder numa casa, coloque uma fotografia com você competindo numa corrida, ou uma concha do mar trazida de uma praia, enquanto ali passava férias memoráveis. Num escritório, um diploma, registros de uma campanha de publicidade bem-sucedida ou um gráfico das vendas podem inspirar e motivar.

Nos dois casos, o canto do poder deve ser limpo e organizado. Freqüentemente, entro em escritórios e vejo que o canto que envolve o poder costuma estar cheio de pilhas de papel. Nesses casos, aconselho os ocupantes a organizar os papéis ou a escondê-los da vista. Se seguirem apenas essa parte do conselho, eu lhes asseguro que ficarão espantados com o quanto isso alterará positivamente a capacidade de serem eficientes.

Uma luz clara, uma mesa de madeira, um armário baixo ou qualquer outro objeto, ou mesmo uma superfície brilhante que prenda o olhar, seriam apropriados para o cantinho do poder. Não ponha espelhos nesse lugar. Temos a tendência e ser críticos com nós mesmos e voltar para nós a atenção ao nos vermos num espelho. Nessa área, precisamos nos concentrar na atividade que estamos realizando e não no nosso eu físico.

Aquilo que está ao nosso redor acaba por penetrar em nós. Se um aparelho de tevê é o centro espiritual ou físico de uma sala, então vocês estão promovendo a passividade em vez da atividade. Certifiquem-se de que o ponto central de uma sala combina com a sua função. Assim como um estilo de vida saudável possibilita uma vida mais feliz, zelar pela função de cada cômodo numa casa é um modo de assegurar uma vida mais favorável. Escolha objetos que simbolizem isso e coloque-os onde eles possam contribuir para o seu máximo desempenho.

7

Os sentidos: visão, audição, olfato e tato

A escola da pirâmide considera importantes as interpretações culturais e as reações fisiológicas das condições no mundo físico.

Visão

"Ver é crer" é um ditado que ressalta o quanto é importante considerarmos o nosso mundo visual. Grande parte de nossas informações se processam através dos olhos e, no entanto, a visão não é absoluta. Nós vemos o que sabemos e aprendemos a ver aquilo com que estamos familiarizados.

A ligação visual inicial de uma criança com o mundo, por exemplo, é a sua babá, e poucos detalhes mais manifestar-se-ão de um modo que a criança entenda. Do mesmo modo como a criança não reconhecerá as pessoas enquanto elas não se tornarem familiares, você não identificará a forma das folhas de uma árvore se não tiver familiaridade com a árvore. Embora você "veja" as árvores, você as vê no seu contorno geral e não pode distinguir facilmente uma árvore da outra. O ver é determinado pela familiaridade, bem como pelos processos fisiológicos. Você não pode aceitar que algo está sendo visto só porque está à sua frente. Por conseguinte, se quiser se certificar de que algum objeto seja visto, deixe-o no centro do movimento, aumente a luz ou a cor. Por exemplo, se você quer achar tempo para ler mais livros, projete uma luz brilhante sobre uma estante e coloque um objeto vermelho na prateleira ao lado dos livros.

A luz é a fonte que define a forma, a profundidade e a cor, e realçar as áreas numa casa é o modo mais simples e eficaz para produzir uma mudança. Estamos com a atenção sempre voltada para o lugar a que nos dirigimos.

Cores

Ao entender o contexto emocional das cores, podemos fazer mudanças no ambiente em nosso benefício. As cores atraem o nosso olhar, assim como as nossas interpretações culturais das experiências emocionais. O preto, cor que absorve todas as outras, representa a morte no Ocidente. Acreditamos que, no momento da morte, somos recompensados ou castigados pelas virtudes que praticamos ou transgressões que cometemos. Mas os chineses usam o branco para simbolizar a morte, o que resume sua filosofia sobre a extinção física. O branco não absorve nenhuma cor, mas reflete todas. Na morte, os chineses acreditam que nos libertamos das energias acumuladas na vida e começamos o processo de crescimento e mudança para um outro período de tempo.

Aumentando ou diminuindo uma cor, sua intensidade ou pureza, você pode contribuir para que a função de um ambiente se evidencie. Por exemplo, ninguém poderia decorar um quarto inteiro de hospital em preto, segundo os hábitos ocidentais, tampouco um quarto todo em branco seria apropriado para um bebê. Mas atenuar o preto até torná-lo cinza poderia ser apropriado para um ambiente de cura, como o seria acrescentar pigmento colorido ao branco, até que se torne amarelo, rosa ou azul-celeste, cores apropriadas ao quarto de uma criança.

Esta seção definirá a experiência da cor, a gama de emoções relacionadas e o modo como usar a cor num ambiente. A cor pode expressar a personalidade e deveria ser usada do mesmo modo que você seleciona o seu guarda-roupa.

Tenho uma amiga que gosta da cor laranja; não a espécie de laranja que se vê, por exemplo, num picolé; essa cor não combina com ela, que é complicada e exótica. Um tom de manga misturado com laranja escurecido combina melhor com a personalidade dela. Ao escolher uma cor, descubra o matiz, a tonalidade e o "temperamento" dessa cor para que ela seja um reflexo exato de você mesmo e da função que pretende para o seu espaço.

Lembre-se também de que as cores podem ter um sentido positivo e um negativo. Enquanto uma única rosa numa sala de jantar simboliza elegância e beleza, a luz vermelha num escritório é uma agressão.

Vermelho

O vermelho, sendo a cor do sangue, representa o fluxo das forças da vida. Quando aumentamos essa cor num ambiente, estamos afirmando a vida num nível profundo. O vermelho pode ser um ponto de partida para a atividade, a energia e a concentração. Essa cor produz uma curva acentuada no extremo do espectro visível e reações fortes por parte das pessoas.

O vermelho pode implicar excesso de poder. Nossos olhos são atraídos por essa cor, que freqüentemente é a primeira a ser notada no campo da percepção. Além do mais, está associado à violência e pode deixar a pessoa agitada, bem como exaurida. Em todos os casos, o vermelho puro trará à tona uma reação forte; a consciência da sua força é importante para determinar o seu uso.

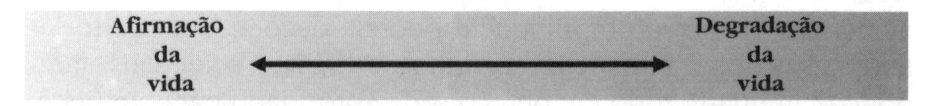

Afirmação da vida ←——————————→	Degradação da vida

Use o vermelho para...

Indicar extremos, como a cor vermelha do semáforo indica uma parada.

Distrair, como a capa de um toreador numa tourada.

Advertir, como a bandeira vermelha de um salva-vidas.

Assinalar uma cerimônia, como nas fitas vermelhas nas cerimônias de abertura.

Nota: Um *continuum* de interpretação indica os extremos de cada cor. Evite os extremos; valha-se do nível intermediário de uma cor, ou providencie a cor oposta para o equilíbrio.

Animar o ambiente, como as faiscantes luzes vermelhas do carnaval.

Aquecer, como acontece quando nos sentamos perto das brasas incandescentes de uma fogueira.

Atrair a atenção, como a mosca no centro de um alvo.

Por algum tipo de sinal ao se aproximar de um lugar especial, o que faz um carpete vermelho.

Fique longe do vermelho puro...

No trabalho intelectual.

Nas áreas dedicadas à contemplação, como quartos ou escritórios.

Nos vestíbulos de campos de esportes.

Em instalações públicas onde se reúne muita gente (salas de espera ou elevadores).

Amarelo

O amarelo é a cor do sol, um importante elemento da vida na terra, assim como o centro de um ovo é o epicentro da vida para muitas espécies. Em algumas culturas, o ouro representa a riqueza. Esta, em termos biológicos ou materiais, começa com a idéia de fortuna — suficiente luz solar ou bastante dinheiro.

A *macula lutea* do olho é uma pequena área amarelada levemente deslocada do centro da retina e constitui a região de máxima acuidade visual. O amarelo pode apurar a percepção.

Na nossa cultura, o amarelo costuma ser associado a coisas negativas, como um "sorriso amarelo" ou a cor pálida e amarelada das pessoas doentes. O papel amarelece ao ficar velho. Além disso, achamos pouco atraente o rosto de uma pessoa sob uma luz amarela.

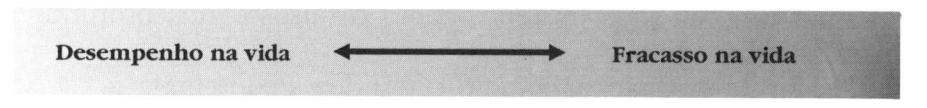

Desempenho na vida	⬅➡	Fracasso na vida

Use amarelo para...

Animar, como o faz a luz do sol.

Infundir esperança, como o fazem as oportunidades "de ouro".

Vitalizar uma área de trabalho com luz.
Aumentar a atividade mental, como o faz a meditação sobre um ponto de luz.
Agir contra os efeitos da luz fraca do dia.
Aquecer, do mesmo modo como o reflexo do ouro polido.
Aumentar o espírito de aventura, como o fez a rua de tijolos amarelos em "O Mágico de Oz".

Fique longe do amarelo puro...

Em clubes noturnos.
Quando essa cor reflete o seu rosto.
Dentro de armários e gavetas.
Em banheiros.
Num cômodo destinado à meditação.

Azul

O céu e a água cobrem o globo com a cor azul. Esses desconhecidos nos intrigam e nos convidam ao estudo. O azul é a cor do isolamento e da aventura. É interessante que seja também a cor mais popular escolhida pelos homens americanos. Eles não são ensinados a ser independentes e críticos?

No entanto, se alguém se machuca, o hematoma fica azulado. Um filme *blue* ou uma piada *blue* conotam irreverência. Quando estamos muito nervosos, diz-se ficamos "azuis". O azul, como todas as cores, apresenta aspectos positivos e negativos.

Empenhando-se rumo ao mistério, à aventura	⬅➡	Avançando em direção à negatividade

Use o azul para...

Criar um clima de mistério, como o mistério dos profundos mares azuis.
Ajudar na meditação, como o céu induz à contemplação.
Expressar a união, como... "uma vez, sob o luar azul".
Refrescar, como as águas num dia de calor.
Tratar de um assunto com seriedade, como quando uso uma roupa azul-marinho para ser entrevistada.

Fique longe do azul puro...

Quando um lugar precisa ficar mais alegre.
Quando um lugar precisa de agitação.
Em lugares frios.
Em áreas de jantar.
Em geral, nas áreas de passagem.

Laranja

A cor laranja é a fusão do sangue vermelho da vida humana (o sangue é azul até misturar-se com o oxigênio) e o amarelo do sol. A meio caminho entre o amarelo e o vermelho, ele absorve as características de ambos. No entanto, a cor laranja não é uma cor muito popular para interiores por causa do confuso simbolismo que envolve estar entre uma entidade (o sangue) que preserva a vida do ser humano e uma entidade (o sol) que mantém a vida do mundo. Muitas culturas colocam a atividade humana acima do universo natural e, conseqüentemente, usam o vermelho mais do que o amarelo e o laranja.

| Fusão | ←——————————→ | Sepultamento |

Use a cor laranja para...

Promover a integração da pessoa com o lugar, como o vermelho e o amarelo fundem a terra com a vida humana.
Manter o nível das conversas ou do pensamento, porquanto a instrução não pode prescindir do conhecimento.
Definir a espiritualidade, como o faz o manto cor de açafrão de um monge.
Aumentar a confiança.
Diminuir a sensação de solidão.

Fique longe do laranja puro...

Quando for necessária uma liderança autocrática.
Quando for necessário o descanso.
Quando precisar se concentrar.

Verde

Situando-se entre o azul e o amarelo, a cor verde evoca a consciência da vida. Onde há verde, há sustentação para a habitação humana. Não é simples coincidência que os vegetais sejam a dieta mais apropriada para o corpo humano. O verde, a cor da maior parte da vegetação, quando trazido para um espaço interior, liga-nos à natureza. Sentimo-nos revitalizados e rejuvenescidos porque associamos o verde ao crescimento.

O verde também pode indicar imaturidade (no "verdor dos seus anos"). A expressão "estar verde" é usada para designar alguém sem experiência. A inveja, um pecado mortal, é descrita com sendo "verde". Quando ficamos "verdes", estamos com náuseas; conseqüentemente, o verde pode ser um sinal de doença.

| Ligação | ⟵⟶ | Falta de ligação |

Use o verde para...

Ligar-se com a natureza.

Criar um clima de paz, como o da visão de uma planta de estufa.

Cuidar, como se diz do jardineiro que tem "dedo verde".

Rejuvenescer, ao fazer algo novo.

Promover o descanso ou a calma.

Indicar algo novo, do mesmo modo que chamamos de verdes as cebolinhas.

Fique longe do verde...

Quando o crescimento for algo indesejado (como nas instalações hospitalares para tratamento de doentes de câncer).

Dentro de veículos que se movimentam.

Branco

O branco é o reflexo de todas as cores. Não pode ser influenciado por nada. Liga-se à inocência, porque é impoluto; nada além do eu está presente.

Como o branco difunde todas as cores e permanece puro, a

piedade freqüentemente está associada à cor branca. O branco é a cor da casca do ovo e da parte que se vê do olho, e é um invólucro adequado para a própria vida.

O branco pode ser considerado contra-revolucionário, ou pode ser usado para se tomar uma atitude contrária ao *status quo*, porque faz com que todas as outras coisas se revelem. Nada pode ser escondido sob a luz branca. O branco é uma boa cor para se usar numa entrevista para conseguir emprego, porque mostra que você nada tem a esconder.

Pureza ←→ **Vazio**

Use o branco para...

Definir um ego, como o faz uma camisa branca num traje para tratar de negócio.

Identificar a pureza, como num vestido de noiva.

Transmitir uma sensação de limpeza e frescor.

Mostrar que não há nada para esconder.

Fique longe do branco puro...

Nos climas frios.

Nos teatros ou dentro dos cinemas.

Nos lugares onde as pessoas não se conhecem.

Nos lugares de reunião de estudantes.

Em casas funerárias, em salas de espera e em quartos de criança.

Preto

Ah, a magia e o mistério do preto! Sentimo-nos absorvidos e absorvemos tudo quando usamos o preto. Tive uma vez uma cliente do Texas que, depois de uma consulta normal de *feng shui*, pediu-me que lhe explicasse por que tantas pessoas lhe perguntavam a razão de ela sempre usar preto. Eu poderia lhe explicar dando-lhe o motivo porque eles pareciam tão incomodados com a sua escolha?

As tradicionais condições sociais do sul obrigam as mulheres a ser simples e prestativas, não misteriosas. O preto é a cor do mistério. Ela como que anuncia: "Se quer me conhecer, descubra você mesmo!" Em algumas situações, o mistério e a magia do preto é *sexy*, e em alguns lugares causa desconforto.

Totalmente absorvente, o preto nada revela e pouco faz para iluminar. O preto exige a concentração de nossos olhos e comunica: "Decifre você!"

| Misterioso | ←————————→ | Estranho |

Use o preto para...

Afirmar a independência.
Evocar intriga e mistério, como o fez "a dama de negro".
Emitir calor, porque ele absorve o calor.
Expressar força e solidariedade.

Fique longe do preto puro...

Nos lugares em que há crianças.
Nos lugares de cura.
Quando uma comunicação direta for necessária.
Nas áreas de serviço.
Nas áreas de leitura.

Púrpura

O púrpura não é uma simples combinação de azul e vermelho. É uma cor difícil de se misturar, criada somente quando o azul é misturado com certos matizes de magenta. Essa dificuldade reflete-se no uso que dele fez a realeza. É difícil e raro ser um líder, tanto quanto é difícil misturar a cor púrpura. Aparecer com boas idéias exige que nos aprofundemos muito, interiormente, e que acreditemos na nossa visão egóica do mundo. O púrpura evoca a concentração e a espiritualidade.

A raiva é o contrário da afirmação calma e elegante de alguém. A expressão "púrpura de raiva" conota a mensagem negativa dessa cor.

| Liderança | ←————————→ | Tirania |

Use o púrpura para...

Evocar processos mentais mais elevados.
Indicar o poder.
Elevar a auto-estima.

Fique longe da cor púrpura...

Em ambiente nos quais se cultua a igualdade.
Em escritórios, em alojamentos militares ou em lugares onde os egos estão sujeitos a colisão.

Os cientistas estão aprendendo cada vez mais os efeitos físicos da cor. Depois da Segunda Guerra Mundial, a marinha gastou tempo para descobrir que cor era mais adequada às condições estressantes dentro dos submarinos. A pesquisa mostrou que o cor-de-rosa induz à calma e à serenidade, e hoje a mesma cor está sendo usada experimentalmente para ajudar a acalmar os adolescentes nos casos de detenção juvenil. Não importa o quanto estejam nervosos ou tensos — dez minutos numa sala rosa e eles geralmente param de berrar. Vinte minutos depois, os adolescentes já estão cochilando ou dormindo. O rosa tem efeitos sedativos.

A escola da pirâmide nos diz para irmos adiante com nossos sentimentos, sem dar ouvidos aos modismos, para determinar que cor deve ser aumentada ou atenuada. Ao tocar um acorde interior, geralmente estamos respondendo em todos os níveis — culturalmente, biologicamente e socialmente.

Som

Poucos pais acham que o "barulho" ouvido por seus filhos adolescentes seja música. Nesse motivo de discórdia entre as gerações, o que é puro ruído para os pais é melodia para os filhos. A distinção entre essas experiências é uma questão de gosto pessoal.

Existe uma ótima sorveteria na minha vizinhança, e ela atrai multidões vindas de milhas de distância. Muito embora o espaço seja pontilhado de mesas cobertas com toalhas de um vermelho xadrez fantasioso, a maior parte dos clientes deixa a loja para ir comer num muro de pedra frio e cheio de protuberâncias do lado de fora. A culpa é do ruído do motor da máquina que conserva a temperatura do sorvete. Ninguém o suporta! Quando perguntei aos donos da sorveteria se eles toleravam esse barulho estrondoso, responderam que nem sequer o notavam. Isso fez sentido quando percebi que eu mal notava o som do meu cortador de grama quando o usava, mas que o constante zunido do cortador de grama de um vizinho pode me acordar do meu sono dominical. A diferença é o controle que você exerce sobre o que está acontecendo. Quando controlamos um som, raramente o sentimos como negativo.

Biologicamente, o som nos liga às pessoas que estão à nossa volta. Quando ficamos fora do ângulo de visão das pessoas, nos fazemos presentes pelo som da nossa voz. A expressão "longe dos olhos, longe do coração" só é verdadeira quando a pessoa não se faz ouvir. A voz de um dos pais pode acalmar o filho chorão antes mesmo que ele ou ela o pegue nos braços. No ventre da mãe, o feto ouve os sons através do fluido amniótico que, depois, se associa à segurança e à nutrição. As experiências mostram que, quando dão a um bebê macaco uma mãe mecânica movida pelo mecanismo de um relógio, o som, semelhante às batidas do coração, mantém esse bebê mais calmo do que os que ganham uma mãe substituta sem esse mecanismo. Também tem-se afirmado que os animais jovens choram para que os pais possam localizá-los e saibam se estão a salvo. A diferença entre um gorjeio alegre e um de pânico dá à mãe pássaro alguma indicação sobre se os bebês estão ou não a salvo dos predadores.

A natureza nunca está em silêncio. O vento movimenta a vegetação, de modo que as folhas farfalham, os galhos gemem e a grama zune. Esses sons, junto com a voz de todos os animais, caracteriza uma mistura de ruídos que mal é notada, vinculando-nos sutilmente a uma outra vida.

Pouco som ⟵⟶ **Muito som**

Por outro lado, muito barulho põe nosso sistema nervoso em alerta, fato de que os anunciantes de tevê se mostram bem conscientes ao elevar o volume de som dos comerciais acima do volume do resto da programação normal. O volume alto é apropriado como artifício para chamar a atenção. As palavras "Ordem na corte" podem passar despercebidas, por exemplo, sem a batida do martelo na dura superfície de madeira. Infelizmente, quando os sons altos são sustentados começamos a chamá-los de *ruído*, deixando-nos esgotados.

Temos muitos modos de controlar o som de acordo com os objetivos visados. Nenhuma cerimônia está completa sem som. Seja uma banda anunciando a chegada de uma parada ou o toque dos sinos para começar a meditação, o som freqüentemente se integra aos acontecimentos. O que seria uma cerimônia de graduação sem os acordes de *Pompa e Circunstância* ou um casamento sem o *'Aí vem a noiva'*?

O som também pode ser usado para animar e revigorar. Que parada está completa sem uma banda marchando? A batida da música mantém a energia em funcionamento e os espíritos elevados. Os organizadores de concertos sabem que uma banda animada é necessária para preparar a multidão para o evento mais importante.

O controle do som para nosso benefício

Diminuir o estímulo pode favorecer uma mudança de comportamento, como os pais sabem e agem quando dizem para o filho chorão: "Vá para o seu quarto!" Muitas religiões organizam retiros para favorecer a contemplação. Em casa, um quarto sossegado pode ser o antídoto para a grande agitação das atividades domésticas.

Por outro lado, a sensação de isolamento das pessoas idosas que vivem sozinhas pode diminuir com um pouco de som. Com freqüência, quando me pedem para criar espaços para os idosos, recomendo um aquário com água borbulhante ou uma fonte, ou sugiro que se coloque um pequeno ventilador na base de uma planta para fazer suas folhas farfalharem.

As crianças também precisam de som para tranqüilizá-las. Na

Nota: O *continuum* da interpretação indica os extremos do som. Todos nós nos empenhamos em evitar os extremos e para conseguir uma situação de equilíbrio. O ideal é manter-se na posição intermediária.

infância, meu filho Zachary parecia passar horas ouvindo um móbile com música pendurado acima de seu berço. Quando a música acabava, antes de cair no sono, ele começava a chorar.

Uma casa silenciosa pode parecer infeliz, ao passo que uma casa barulhenta pode causar tensão. Encontrar o equilíbrio entre esses extremos é o desafio que temos à nossa frente. Um espaço pode ser silencioso ou barulhento, dependendo das atividades a que é destinado. A seguinte lista pode servir como um guia para determinar o que incluir num espaço.

Use som para iniciar...

O relaxamento
Uma cerimônia
A concentração
A emoção

Use som para diminuir...

A tristeza
O nervosismo
A raiva

Sons adequados para interiores

Ventiladores
Água borbulhante
Objetos sensíveis ao vento, como folhas, sinos ou cortinas
Música

Olfato

O sentido do olfato está ligado à parte mais antiga do cérebro. Este é o único sentido que não podemos recriar. Somos capazes de fechar os olhos e ver o rosto da pessoa amada; podemos nos concentrar e ouvir os acordes de um concerto de Mozart ou passar no rosto um imaginário pedaço de veludo; mas tentem cheirar o ar e sentir o cheiro de toicinho frito ou de um lilás em flor. Não conseguiremos o mesmo resultado.

Mas um cheiro especial pode evocar uma experiência do passado. Minhas primeiras bonecas eram recheadas com fibras de algodão e hoje, quando tiro a roupa da secadora, o cheiro do algodão me faz lembrar de coisas da minha infância. "Vejo" o meu quarto, "sinto" como se estivesse sentada no tapete e "provo o gosto" do cabelo da boneca enquanto eu o segurava entre os dentes para umedecer-lhe as pontas e ondeá-los. Os cheiros trazem de volta todo um cenário. Não sei se meu filho, cujos brinquedos em sua maioria eram de plástico, algum dia se lembrará de coisas de sua infância ao sentir o cheiro de outro produto sintético.

"O nariz conhece" não é apenas um aforismo gracioso, mas uma máxima sábia. Muito cedo, o estímulo olfativo do feto controla a quantidade daquilo que ele deve absorver. As crianças pequenas identificam as pessoas que delas tomam conta pelo cheiro e também pela visão. A importância da aromaterapia está se tornando cada vez mais aceita, enquanto a ciência revela como os cheiros influenciam a saúde. Descobriu-se que o aroma de maçãs foi considerado eficaz para baixar a pressão sangüínea. Serão a lavanda e a alfazema realmente uma dupla caprichosa? Descobriu-se que a lavanda é antiafrodisíaca. Talvez por isso as mulheres idosas tenham certa inclinação pelo seu perfume!

Use as fragrâncias de modo benéfico, para diminuir ou acentuar um tipo de comportamento.

Os benefícios dos aromas comuns

O aroma das maçãs faz baixar a pressão sangüínea.

O do manjericão alegra e é bom para reduzir a influência da dor de cabeça.

O do cedro acaba com o medo.

O do eucalipto limpa os seios nasais e reduz a sobrecarga emocional.

O do olíbano induz à prece ou à meditação.

O do gerânio alivia a tensão pré-menstrual e é antidepressivo.

O do jasmim diminui o sofrimento emocional.

O aroma da lima e do limão aumentam o ânimo e combatem a exaustão e a indiferença causadas pelo cansaço.

O da menta ajuda a eliminar o cansaço mental e pensamentos obscuros.

O da laranja nos ajuda a nos sentirmos mais aquecidos e menos conscientes de nós mesmos.

O do pinho fortalece e purifica.
O da rosa revigora o ser interior.
O do sândalo ajuda a elevar o espírito.
O do tomilho purifica.
O da verbena é refrescante e age como um sedativo suave.
O do "ylang-ylang" tem um efeito afrodisíaco. Também pode sedar e aliviar a hipertensão.

Tentem usar estes aromas nos seguintes lugares:
No quarto das crianças: manjericão, cedro, laranja e pinho
No quarto do casal: ylang-ylang e jasmim
Nas salas de reunião: tomilho, sândalo e laranja
No estúdio: eucalipto, lima, limão e menta
No escritório: tomilho, verbena e jasmim
No saguão de hotéis: tomilho, lavanda e gerânio
Nos aviões: verbena, lavanda e artemísia
Nas salas de espera dos médicos: artemísia, lavanda e cedro.

O toque

A experiência é acentuada pelo toque. Segurar um bichinho de pelúcia pode lançar-nos de volta à infância, quando nos aconchegávamos a uma suave e fofa criatura, ao nos abandonar ao sono.

Os terminais nervosos na pele alertam-nos para reagir. Soltar o cabo de uma panela que está fervendo é uma reação automática. Mas tremer por antecipação ao toque dos lábios da pessoa amada é puramente cultural. Nos dois casos, a experiência do toque comunica informação e traz à tona sentimentos. O modo como usamos a proximidade, o tecido e as superfícies do soalho, das paredes e dos armários no espaço em que vivemos pode afetar nossa experiência do espaço de modo muito sutil, mas nem por isso inconseqüente.

	antidepressivos	sedativos	estimulantes	desodorantes	hipnóticos	clarificadores
artemísia	X	X		X		X
gerânio	X		X			
jasmim	X					
lavanda	X	X	X	X	X	
sândalo	X	X				
eucalipto			X	X		
lima				X		X
cedro		X				
maçãs aromáticas		X				X
pinheiro			X			X
menta			X			X
canela					X	

Seja deslizando o dedo sobre um veludo macio ou roçando o rosto na seda macia do travesseiro, determinados materiais podem evocar reações emocionais. Crie um estado de espírito animado num dia sem novidades usando um cálice de cristal lapidado para tomar água. O toque pode estar a serviço da experiência emocional.

Às vezes, a simples disposição dos móveis e objetos de um ambiente podem melhorar o seu humor. Para "levantar seu astral" e impedir que a depressão surja, ponha uma rosa no arranjo de sua mesa. Para consagrar a erudição, compre uma coleção de livros encadernados em couro para as suas estantes. Coloque um vaso cheio de penas de pavão no vestíbulo, para dar boas-vindas a quem chega. Até mesmo a visão de um ambiente agradável pode provocar a reação pretendida.

Positivo	Negativo
emoções suaves	sentimento de repulsa
relaxar	ferir
energizar	aquietar
predispor-nos bem emocionalmente	evocar experiências passadas negativas

Tocar pode...

Segurar uma maçaneta de bronze polido pode nos preparar para entrar num lugar importante, ao passo que abrir uma porta que tenha um trinco barato e leve de alumínio pode provocar a sensação oposta. Cuide para que os objetos que você escolhe para a sua casa provoquem reações positivas. O prazer que você sente ao tocar em algo pode elevar o seu ânimo.

Parte II

As soluções

Esta parte do livro está dividida em quatro seções: exteriores, detalhes arquitetônicos, os diferentes cômodos e considerações especiais. Use o teste sugerido no final de cada capítulo para identificar as áreas que precisam ser ajustadas, de modo que você possa elevar o quociente de *feng shui* da sua casa. Cada condição desfavorável será seguida de uma explicação do porquê de ser importuna e das sugestões para realizar a cura. Você descobrirá passo a passo os modos eficazes e fáceis de resolver problemas.

Não se desespere se descobrir muitas áreas para remediar. Assim como não existe nenhuma situação sem esperança, não existe nenhuma situação perfeita. O pior pode tornar-se o melhor e o apenas aceitável pode ser melhorado. Mas não leia a informação da Parte II como um estudante de medicina do primeiro ano lê o *Manual de Medicina Merck*. Você não pode ter todas as doenças!

O processo evolutivo é contínuo. À medida que a vida vai mudando, assim também os espaços em que você mora devem se ajustar a fim de entrar em harmonia com suas necessidades do momento. A solução de hoje pode não ser tão eficaz amanhã, e o que um dia foi um espaço perfeito pode com o tempo tornar-se inadequado.

As soluções aqui sugeridas são meros trampolins. Saiba que você pode ser criativo e tentar sempre. Se uma solução parece não resolver o problema, deixe-a de lado e tente outra. Para que a cura seja eficaz, você deve esperar o mesmo tempo que esperaria para uma semente brotar da terra. A solução cresce como uma planta e se o sucesso não brotar e vicejar, plante outra semente.

Quando se trata de nos recuperarmos de uma doença, minha mãe e eu somos tão diferentes quanto duas línguas. Eu sou do tipo que pula da cama horas depois de uma cirurgia e fica andando pelo hospital, carregando o suporte do soro. Minha mãe é o tipo de pessoa que escuta todos os estudantes de medicina que fazem a sua ronda, ouvindo-os discutir seu estado de saúde potencialmente fatal. Munida dessa informação, ela fica à espera de conferir com seu médico os remédios mais indicados para a sua doença. Seu modo de melhorar é concentrando-se na doença; o meu é o de tratá-la como se nunca tivesse existido. O elemento comum é que nós duas no final saramos. A moral dessa história é: o melhor é aquilo que funciona para você.

Lembre-se de que a intenção de fazer é o melhor começo para a mudança. Você já deu o primeiro passo rumo a essa mudança ao escolher este livro para ler. A emoção de começar essa viagem é saber que você já está a caminho do destino desejado.

Uma palavra sobre os testes

Os testes são guias para ajudá-lo a localizar as áreas que precisam ser melhoradas na sua casa. Todos os pontos são negativos. Depois de marcar os pontos, vá à seção que ensina como corrigir o problema que você identificou.

Uma vez mais, não desanime com uma contagem muito negativa. A vida costuma ser melhor para os que tiveram de trabalhar duro para conseguir o que queriam. Quando as coisas vêm com facilidade, não nos convencemos a aproveitar a oportunidade que nos é dada. As pessoas que ousam avaliar e confrontar a mudança com energia e propósito podem, no final, ser bem-sucedidas muito além de seus mais extravagantes sonhos.

Uma palavra sobre as soluções

Há dez categorias de soluções. Os objetos em si não são tão importantes quanto o que eles realizam. Por exemplo, objetos que refletem a luz podem ser tão triviais quanto um espelho ou tão exóticos quanto um adorno de metal cromado para uma porta ou janela. Use a lista de soluções como uma diretriz para escolher o item que combinará melhor com o seu senso estético.

Categorias de remédios

1. Mudando os móveis de posição

Dar nova disposição à mobília de uma sala é o modo mais rápido e geralmente mais eficiente de fazer uma mudança. As primeiras impressões são difíceis de esquecer e aquilo que é visto em primeiro lugar numa sala geralmente dá o tom e a sensação transmitidos pelo ambiente a quem chega ali pela primeira vez. Se uma escrivaninha for o primeiro objeto que você vir ao entrar num escritório, você provavelmente não perderá tempo para sentar-se e trabalhar. Se a escrivaninha estiver num canto ou se não for percebida à primeira vista, você pode ficar dando voltas antes de começar o trabalho.

Simplesmente mudando os objetos aqui e ali na sua casa, você sentirá grande diferença no modo como sente o espaço onde vive. Por exemplo, para reforçar sua decisão de fazer regime, coloque um objeto ou um móvel, como uma mesa, no meio do caminho que leva à geladeira. Para chegar até as guloseimas que estão na geladeira, você terá de contornar a mesa e passar por cima da sua decisão de emagrecer. O tempo extra que você gastará para fazer isso pode ser suficiente para que você recupere a força de vontade e desista da ação que poderia impedi-lo de alcançar seu objetivo, ou seja, emagrecer.

2. Luz

Os objetos dentro de uma área de iluminação são semelhantes àqueles iluminados pela luz num palco: a luz forçosamente chama a atenção sobre eles.

A autoridade pessoal também pode ser afetada pela luz. Por exemplo, os pais que estão perdendo o controle sobre os filhos adolescentes podem aumentar sua autoridade por meio de sutis mudanças na iluminação, fazendo incidir mais luz sobre os lugares onde se sentam. Se houver quatro lâmpadas, use lâmpadas de sessenta watts sobre o assento do adolescente e de cem sobre o dos pais. Se houver iluminação apenas junto à parede, mude o assento de modo que os pais fiquem mais próximos dos pontos de luz.

3. Cor

Usar só uma cor ou estampas pode alterar o ânimo das pessoas que entram numa sala. Certo sentimento de exaltação pode diminuir com uma sala decorada com cores tênues, ao passo que uma pessoa deprimida pode reagir positivamente ao entrar numa sala cor-de-rosa ou amarela como um girassol. A quantidade das cores — suas nuanças, tonalidades e matizes — pode influenciar a reação emocional de alguém a um lugar.

4. Plantas

A cor, a forma e o tipo de plantas pode reforçar certos aspectos das outras curas, tanto quanto os cinco elementos. Por exemplo, uma planta de folhas pequenas colocada perto de uma janela aberta ou de um aquecedor com ventilador pode servir como energia de cura pelo fato de balançar ao vento, enquanto folhas pontiagudas podem ser usadas como símbolos do elemento fogo. Em todos os casos, as plantas nos unem com o mundo exterior e despertam em nós a sensação de que somos parte do todo.

5. Movimento

Qualquer objeto que inicia uma ação é classificado como movimento. A potencialidade para o movimento pode ser tão convincente como o movimento em si. Por conseguinte, um corredor cheio de pessoas, uma janela aberta, ventos quentes e refrescantes e objetos sensíveis ao vento são considerados apropriados ao movimento, assim como os relógios "cuco", os ventiladores, os sinos e os artifícios mecânicos.

6. Superfícies que refletem

Qualquer coisa que possa duplicar uma imagem — espelhos, metais polidos, vidro, tevê, telas de computador ou águas paradas — fazem parte dessa categoria.

7. Objetos pesados

Esculturas, colunas, mesas, cadeiras, sofás, tapetes, escrivaninhas, bancos, seixos, fontes de água e armários estão entre os objetos que se encaixam nessa categoria.

8. Som

O som pode ser criado artificialmente, como no caso da música tocada por instrumentos, o som da tevê, dos carros, das máquinas, dos telefones, dos sinos e das ferramentas, ou pode ter uma origem natural, como os sons articulados pelas criaturas vivas ou por fenômenos da natureza. O som é produzido pelo movimento da vegetação, da água, da chuva, do vento ou pelas criaturas na luta pela vida.

9. Água

A água é fundamental para a nossa existência. Na nossa primeira casa, o útero materno, flutuamos numa atmosfera líqüida. Sem a água, o nosso corpo perece. Sua presença numa condição prístina é crucial à nossa saúde física e emocional.

10. Manutenção

Fazer uma limpeza na casa pode ser um primeiro passo para pôr a vida em ordem. Pelo menos, olhe em volta e arrume as áreas menos organizadas da sua casa. Jogar fora o que não é mais usado e pôr em ordem o que você usa é uma garantia de que você dará o salto quântico rumo ao sucesso futuro. Em todos os casos, limpar, pôr em ordem e organizar beneficiará a sua vida. Depois de terminar essa tarefa, eu lhe garanto que você notará mudanças positivas no seu modo de viver.

As soluções

Parte externa

8
Geologia, topografia e direção

Não se pode replicar apropriadamente a alguém sem conhecê-lo. Do mesmo modo, para entender o lugar em que vivemos, precisamos conhecer alguns detalhes sobre a forma, a localização e a composição do lugar que ocupamos nessa área.

Mudar a forma da nossa terra pode afetar o significado natural do espaço. Quando aterramos pântanos, destruímos morros ou bloqueamos a luz do sol com edifícios altos, estamos criando condições não naturais que ou serão solapadas pela natureza, do modo como as tempestades arrasam os molhes, ou irão levar ao esgotamento as pessoas que têm de mantê-las.

Saber onde o sol nasce e se põe e as características do tempo para o uso de cada cômodo pode revelar as razões por que preferimos ou detestamos certos lugares. Um recanto para o café da manhã bem batido pelo sol, com janelas do lado leste da casa, será muito diferente do que tem janelas que se abrem para o norte.

Os médicos da energia vital, designação chinesa para os praticantes do *feng shui*, freqüentemente provavam o solo dos terrenos onde se fazia uma construção. Conhecer o nível de alcalinidade ou de acidez do solo, os depósitos minerais e sua organização contribuía para a escolha dos materiais para a construção e para o estilo a ser adotado. Por exemplo, a construção com uso de vigas e traves pode precisar de certas modificações para evitar o deslocamento ou o afundamento em solo arenoso ou fofo.

Antes de começar a avaliar o interior do espaço em que mora, veja se há no mundo à sua volta influências que você não tenha levado em consideração anteriormente.

Teste

Marque 1 se a entrada de sua casa está voltada para o norte.

Marque 2 se a sala usada para leitura à tarde está voltada para o oeste.

Marque 1 se a luz do sol está bloqueada na área do café da manhã ou numa importante sala de encontro.

Marque 2 se a sua casa fica no declive de uma rua íngreme.

Marque 2 se existem depósitos perigosos debaixo do seu terreno.

Marque 2 se no terreno que rodeia a sua casa não existe vida vegetal.

Marque 1 se qualquer saliência rochosa estiver exposta na fundação da sua casa.

O total de pontos negativos poderia ser 11. Naturalmente, resolver todos os problemas seria o ideal para você progredir. Se a soma dos seus pontos atingiu quase a metade do total acima, considere isso como uma advertência e cuide de fazer as mudanças necessárias o mais breve possível. O seu progresso depende diretamente das condições que o cercam.

Se a porta da frente da sua casa estiver voltada para o norte...

A luz do sol é um estimulante. Ela produz uma reação química que induz ao otimismo, à esperança e à alegria. Sair de casa quando o sol está brilhando ajuda a começar bem o dia.

Se puder escolher, saia de casa todas as manhãs por uma porta voltada para o leste ou para o sul, mesmo que não seja a porta principal da casa. Se não, espalhe alegria pela área plantando flores vermelhas, pintando uma gaiola de amarelo ou colocando nos lugares pelos quais você terá de passar algum objeto que o faça sorrir.

Morei na parte setentrional de New Jersey, que tem o mesmo clima de Buffalo, Nova York (por essa razão é chamado de o *cinturão de neve!*). No inverno, meu filho fincava o braço de um manequim na neve, do lado de fora da porta da frente. Esse era o seu modo divertido de ir descobrindo a profundidade da neve. Mesmo quando o tempo era frio e lúgubre durante dias seguidos, toda vez que eu saía de casa sorria ao ver o braço do manequim. Encontre uma maneira própria de fazer brilhar o sol ao sair de casa.

Se tiver uma sala de leitura na qual bata o sol da tarde...

O sol da tarde causa na sua psique certa tensão. Se estiver empenhado em fazer um trabalho que exige muito de você, sentar-se próximo de uma janela durante essa hora é um empecilho para a realização perfeita do que você estiver fazendo.

Se não puder mudar sua atividade afastando-se da janela que abre para oeste, ponha uma tela de filtro entre você e a claridade. Uma planta, uma tela, uma peça de vidro emoldurada ou qualquer objeto que deixe transparecer a luz pode ser um escudo eficiente entre a claridade do sol e seus olhos.

Se você tiver um lugar para o café da manhã ou uma sala principal onde não incida a luz do sol...

A luz do sol é a força energizante da terra e favorece a atividade interior e exterior. Ela controla a disposição e acaba com as doenças. Precisamos de luz para conseguir um bom desempenho em muitas áreas e para conservar a saúde. É bom que a luz do sol bata diretamente nas salas onde passamos a maior parte do tempo, principalmente no período da manhã.

Permanecer à luz do sol a maior parte das horas do dia foi o meio que os nativos do Alasca encontraram para evitar a depressão durante os curtos dias de inverno. Só quando eles assimilaram o modo de vida dos Estados mais ao sul no mapa e começaram a ficar dentro de casa para trabalhar foi que houve um aumento de desespero e depressão.

Quando não for possível sair, use luzes elétricas mais fortes, enfeite as mesas com frutas ou vegetais e faça uma decoração com objetos bem coloridos. Acrescente movimento pondo objetos que balançam ao vento perto de portas onde haja correntes de ar e aumente os sons para servirem de pano de fundo com música ou sons de relógios, ventarolas ou sinos. Transmitir energia a um espaço é um modo de estimular o exterior.

Se a sua casa está situada numa ladeira de inclinação muito íngreme...

Do mesmo modo que uma bola não deixará de rolar até alcançar o final de um morro, a energia chi passará ao largo de uma casa situada no meio de um lugar inclinado. Além do mais, deixar uma casa situada no meio de um declive íngreme exige que você "freie" ou "arranque" para iniciar sua jornada.

Aumente a presença visual de uma casa no meio de um morro. Os olhos devem se concentrar na casa, não no morro, através da forma, da cor ou da luz. Um pouco mais de luz na entrada beneficiará sua aproximação à noite. Uma vegetação muito colorida, uma calçada decorada que se alargue ao encontrar a rua, ou uma porta pintada com uma cor que contraste com o resto da casa atrairá a energia chi.

Assim como o tempo gasto numa tarefa monótona e árdua passará voando se estivermos conversando, é mais fácil vencer as dificuldades quando estamos agradavelmente ocupados. Ter a visão de detalhes agradáveis pode mitigar a penosa subida dos degraus para alcançar a porta de entrada.

Se a sua casa tiver sido construída perto de depósitos minerais perigosos...

Numa montanha ao norte de New Jersey foi construída uma série de casas sobre depósitos de urânio. Além das doenças causadas pelo fato de se viver sobre perigosos depósitos minerais, a conseqüente tensão emocional teve um efeito dominó, dando a essas pessoas mais do que o quinhão de sofrimento que lhes cabia.

Águas poluídas, perigosos depósitos minerais ou emanação

cáustica vomitada das chaminés de uma fábrica também podem impedir que a vegetação viceje.

Construtores responsáveis tomarão a seu encargo, por segurança, a análise da terra. Mas não se fie exclusivamente nos outros. Investigue, na biblioteca local, as condições geológicas da área e os possíveis riscos, antes de se mudar.

Quer você contrate uma empresa para fazer o serviço, quer você mesmo o faça, há meios de descobrir se você está às voltas com emissões de substâncias perigosas como o rádom, águas contaminadas ou com ar poluído. Mande aspirar os gases perigosos das fundações subterrâneas, purifique a água que irá beber e filtre o ar nocivo para assegurar a mais saudável atmosfera para você e para sua família.

Mas não pare por aí. Lutar contra essas condições individualmente é caro e desgastante. Faça parte da solução. Vá às fontes e trabalhe para tornar possível as mudanças. Lute por leis que exijam testes de rádom antes da construção em algum lugar e que obriguem a indústria a diminuir a emissão de poluentes no ar e nas águas. Boicote as companhias que não tomam providências. Escreva cartas ao editor do seu jornal local para informar os cidadãos sobre os problemas. Unidos, poderemos mudar as condições; divididos, perderemos.

Se você tem uma terra que não favorece o aparecimento de vegetação...

Você alguma vez já notou a variação em densidade da vegetação na escarpa de uma montanha? Existem partes de uma encosta na qual a vegetação viceja e partes onde a vegetação mal se agarra à vida. Você pode "ler" essa cena como um médico faz o diagnóstico de um paciente. Existem razões para que algumas áreas não favoreçam o aparecimento de uma vegetação mais densa. Essas áreas deveriam ser examinadas quando escolhemos um lugar para construir.

A razão da incapacidade da terra no sentido de favorecer o aparecimento da vegetação pode ser perigosa. Investigue antes de construir ali o seu castelo.

Se você tem um porão com uma saliência rochosa exposta...

Saliências rochosas expostas que fazem parte da fundação podem acarretar problemas de drenagem. Nenhuma formação rochosa é hermética ou à prova d'água, e, geralmente na primavera, as fissuras na rocha transformam-se em condutos para a água.

Se não for possível assentar os alicerces da casa num terreno plano, é melhor construir a casa com esteios e vigas em lugar de lajes de cimento.

Se você mora numa casa na qual uma saliência rochosa exposta faz parte da fundação, pinte a rocha com tinta à prova d'água e plante uma vegetação que gosta de água do lado de fora do perímetro da casa. Se, por um lado, você vai estar combatendo as forças ali existentes, por outro estará prestando à vegetação recém-plantada um verdadeiro serviço, alimentando-a por meio do curso d'água alterado. Lute contra as forças negativas com as positivas.

9
O ambiente e a visão do mundo exterior

O exterior nos atrai como as abelhas são atraídas pela flor. Quando nos sentimos ligados ao mundo, nos sentimos felizes. A vegetação, as pedras e a água corrente podem fazer parte da paisagem na zona rural ou suburbana, mas os cenários urbanos exigem especial atenção. Este capítulo irá ajudar os moradores da cidade e das metrópoles a interpretar os aspectos exteriores do *feng shui*.

Somos influenciados pelo que vemos, sejam montanhas, gramados ou paisagens citadinas. A necessidade de estarmos ligados aos aspectos naturais vibrantes e pulsantes da vida é tão importante para os que vivem nas metrópoles como as árvores, as flores e os jardins para o morador dos subúrbios ou do campo. Ter vista para um edifício imponente e que seja um ponto de referência, por exemplo, é um aspecto exterior positivo para o morador de uma metrópole, assim como o é um carvalho frondoso e antigo para os que moram no campo. Viver com uma paisagem de estruturas saudáveis pode ser um substituto para árvores, rochas ou correntes de água.

A metrópole oferece muitas possibilidades. A forma dos edifícios pode ser comparada à da vegetação. Os sinais de trânsito, os anúncios e as pessoas acrescentam cor a uma paisagem, do mesmo modo que rosas vermelhas fazem isso num jardim suburbano. As janelas envidraçadas podem substituir a água.

Dê uma olhadela e veja as imagens de cada janela. São aprazíveis? Dominam a paisagem? As formas e as distâncias dos outros edifícios podem ser vistos como se você visse árvores na floresta. Se forem muito próximas, podem parecer opressivas, enquanto o mesmo prédio a distância poderia parecer agradável.

Morei no quarto andar de um prédio de apartamentos, na Cidade de Nova York. Da janela do meu quarto eu via uma série de banheiros no prédio ao lado. Com o tempo, comecei a considerar a vida da cidade como algo que me absorvia as energias e procurei alargar meus horizontes na vida rural. Se a minha vista pairasse sobre os caprichosos telhados da vizinhança, talvez eu tivesse percebido as infinitas possibilidades da vida na cidade.

Teste

Marque 1 para qualquer cômodo sem uma vista positiva.

Marque 2 se existe vegetação morrendo (prédios abandonados ou em decadência) na sua propriedade.

Marque 1 se a vegetação, a topografia ou os prédios vizinhos não formarem uma barreira de proteção contra o vento.

Marque 2 se as árvores antigas e altas, os arbustos ou os edifícios foram demolidos e nada foi posto em seu lugar ou se o que lá foi colocado não agrada e não é diferente.

Marque 2 se pode avistar uma fonte de água poluída ou janelas sujas.

Marque 1 se puder ver uma fonte de água corrente ou uma fonte freqüentemente estagnada, ou se pode ver janelas quebradas ou pintadas de novo.

Marque 1 se a paisagem não tiver coisa alguma natural.

Marque 1 se a sua casa estiver dentro de um lote de terra abandonado.

O total de pontos negativos poderia ser 11. Naturalmente, resolver todos os problemas seria o ideal para você progredir. Se a soma dos seus pontos atingiu quase a metade do total acima, considere isso como uma advertência e cuide de fazer as mudanças necessárias o mais breve possível. O seu progresso depende diretamente das condições que o cercam.

Se você tem uma casa sem vista da natureza...

Na maioria das culturas, o isolamento é a forma mais severa de punição. Transferimos criminosos não apenas de nossas ruas, mas também de nossas florestas, oceanos, árvores e relvados. Ser seqüestrado, tanto da natureza quanto da companhia de nossos seres amados, pode ser terrível. Por que então concordamos em morar ou trabalhar em salas que não têm nenhuma ligação com o exterior? Com certeza, estamos punindo a nós mesmos e criando condições difíceis para viver e trabalhar.

Uma vez fui chamada para transmitir energia de cura à sala sem janelas de uma terapeuta massagista. Sendo a mais nova na função, tinham lhe dado a pior sala. Ela se sentia claustrofóbica e não sabia como prosperar sem uma janela. Instalando uma luz fluorescente sobre uma trepadeira, plantada em vaso, simulamos o exterior. Fizemos um drapejado de folhagens em torno das paredes, dobrando os ramos da planta de modo a passarem por ganchos na parede. Penduramos gravuras de paisagens e usamos móveis de vime para dar à sala certa sensação do mundo exterior. Essas mudanças combinaram a atmosfera típica de um casulo com a de uma integração com o mundo exterior. Um ano depois, quando outro terapeuta deixou vaga uma sala com janela, minha cliente declinou da oportunidade de se mudar. Considerava sua sala excelente e não via razões para a mudança.

Se a sua propriedade tiver vegetação insalubre ou que está morrendo...

A qualidade do cuidado que damos às outras formas de vida freqüentemente se reflete no modo como cuidamos de nós mesmos. Negligência gera negligência. Temos de aceitar nossa responsabilidade por tolerar condições que causam dano à existência. Pergunte a você mesmo o que tem feito para prevenir ou impedir a poluição da água, a chuva ácida, a descarga de fumaça dos carros, a exaustão do solo exaurido, tudo o que pode danificar a vegetação. Você votou com responsabilidade em organizações dedicadas à melhoria do meio ambiente ou trabalhou para alguma delas?

Assim como não há nenhum substituto para a limpeza senão o esforço do trabalho, existe apenas uma solução para a negligência. Quando a vegetação estiver doente, você precisará descobrir a causa da doença e dar-lhe o remédio apropriado. Se a intervenção direta não puder resolver o problema, tente retardar seu declínio. Considere-se um guardião de todas as formas de vida, pois o que causa o desaparecimento de uma acaba por arruinar as outras.

Substituir, substituir, substituir. Se uma árvore morre na sua propriedade, plante pelo menos uma outra. Ou, melhor ainda, devolva mais para a terra do que aquilo que lhe foi retirado: plante duas ou mais.

Se você mora num lugar onde há condições de crescimento, certifique-se de replantar quando estiver na mudança das estações. Aqui, na Flórida, eu substituo a *impatiens*, que viceja no inverno, por margaridas ou gérberas, que sobrevivem no calor do verão.

Se a mudança imediata não for possível, porque você não é dono do terreno, honre a vida tomando conta de uma planta dentro do ambiente em que você vive.

Se você não tiver nenhuma vegetação ou nada que lhe sirva de "barreira" contra um clima mais severo...

Os chineses acreditam que a casa deve estar voltada para o sudeste, dando as costas para um morro ou vegetação, ao norte. Isso faz perfeito sentido na China. O tempo mais severo vem do norte, de modo que uma casa protegida desse lado seria mais quente no inverno e mais seca na primavera e no verão. Além disso, os habitantes teriam de cortar menos lenha e teriam mais tempo para a família, os amigos e o descanso. No entanto, nem todo lugar tem um tempo inclemente vindo do norte. Na minha casa, no Estado da Flórida, precisamos nos proteger do sol abrasador do oeste, o que algumas pessoas fazem plantando uma cerca viva voltada para o oeste. Descubra a direção dos ventos mais fortes e proteja a sua casa de suas conseqüências.

Plante sementes no chão ou ponha flores em vasos nas sacadas, na entrada ou no terraço. Se a vegetação exterior não for uma opção, ponha plantas, esculturas, cortinas ou qualquer objeto que possa amortecer o impacto do clima inclemente na frente das janelas onde sopram esses ventos.

Para diminuir o frio, fique longe das paredes sobre as quais incidem os ventos. Use cores e padrões associados com o elemento fogo nas cortinas, nas paredes ou nos objetos dessas salas. Um cobertor de lã vermelha e amarela é um exemplo do que é apropriado para se ter sobre um sofá perto de uma parede fria.

Se a sua vizinhança perdeu uma antiga árvore ou se um edifício bonito foi demolido...

Alcançar uma equivalência entre a história e o futuro é o yin e o yang que propiciam condições ideais aqui e agora. Não podemos dispor do que evoluiu no mundo natural, tampouco desprezá-lo, bem como não podemos dispor de nossa estrutura genética nem ignorá-la. Quando respeitamos, elevamos e conservamos o que um dia existiu, duplicamos essas características na nossa vida atual. Cortar uma árvore antiga sem a substituir é sinal de desconsideração pelos fios do nosso passado ligados à realidade do momento.

Se a doença, um desastre natural, ou a limpeza de um terreno para construir um edifício é o motivo para se abater uma antiga árvore, plante nos arredores duas ou três outras árvores semelhantes. Se um edifício imponente e antigo for demolido, guarde um pedaço dele e use esse pedaço como um objeto de arte na sua casa. Se puder, fotografe o edifício antes de ser demolido, emoldure a foto e pendure-a em sua casa, ou doe as peças antigas para a sociedade de história local.

Se da sua casa você tiver a visão de água estagnada ou poluída, ou de janelas sujas...

A água é fundamental para a nossa sobrevivência. Não espanta que a qualidade da água próxima de nossas casas possa ter repercussão na nossa vida. Uma fonte de água estagnada pode gerar doenças por ser um terreno de procriação para bactérias ou insetos. A poluição de elementos químicos usados no solo pode contaminar a água destinada ao nosso consumo.

Quem pode pensar com clareza ao deparar um monte de escombros? A visão de águas poluídas é semelhante à visão de uma montanha de lixo. Portanto, cuide de resguardar a atividade vital das áreas de reunião impedindo que, da sua casa, se possa ver essa água estagnada ou poluída. Oxigenar a água estagnada num tanque e acrescentar peixes ou vegetação capaz de absorver bactérias e poluentes está entre as soluções a serem consideradas. Se não for de sua responsabilidade despoluir a água, instale em casa um aquário com peixes ou uma pequena fonte que faça a água circular para deslocar a atenção. De qualquer modo, tome parte de um grupo cujos esforços visem a erradicação da fonte de poluição.

Se as janelas com que você se defronta estão sujas, tome providências para mudar essa situação.

Se você vive perto ou tem a visão de água correndo rapidamente...

De certa forma, imitamos as mensagens que estão à nossa volta. Viver tendo como paisagem as cachoeiras do Niágara poderia estimular ainda mais certa tendência ao trabalho excessivo. Os chineses acreditam que a água que corre rapidamente é um símile de finanças que definham. (Enquanto a água que se movimenta muito depressa pode representar o dinheiro fluindo para a sua vida, também pode significar que há a possibilidade de ele desaparecer de uma hora para outra.)

Se você pode ver águas que correm muito depressa do lado de fora de sua janela, pendure sinos na parede perto de um corredor ou de um conduto de ar quente, ou coloque o aquário de peixes

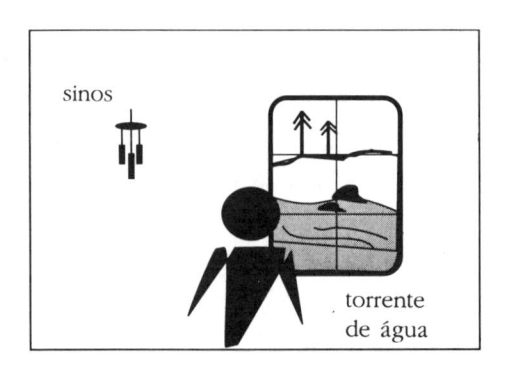

Solução para as águas que correm rapidamente

ou a fonte, já mencionados, perto da janela. Qualquer movimento ou qualquer som o ajudará.

Contrastar elementos torna um e outro mais tolerantes. Assim como acalmamos o bebê agitado imprimindo à voz um tom de afetividade, a fonte de água borbulhante ou o aquário de peixes pode diminuir o efeito da visão da água correndo velozmente do lado de fora. O antídoto para o calor é água fria. Em Palm Springs, por exemplo, pequenos condutos deitando jatos de água revestem as palmeiras como os fios cheios de luzes no Natal.

Se você tiver à volta uma visão banal e sem atrativos...

Uma paisagem monótona ou sem verde sugere condições inadequadas de vida, desperta certo sentimento de esterilidade e nos deixa à mercê de um vazio visual.

Eu tinha uma amiga que não saiu de casa por um ano. Cedendo a um trauma emocional terrível, ela resolveu ficar na cama, em vez de encarar o mundo. O marido ligava para ela tentando persuadi-la a sair, para almoçar fora ou fazerem algo à noite fora de casa, mas ela não atendia a seus convites. Num último esforço para ajudar, resolvi tentar a cura pelo *feng shui*. Botamos uma pequena fonte de água no seu quarto como um oásis emocional no seu deserto mental. Arranjamos vasos com flores coloridas na água e posicionamos um pequeno ventilador sobre as folhas. A água gotejava, as folhas balançavam e seu quarto tornou-se vivo. Lentamente, com essa ajuda, a vontade de viver de minha amiga voltou e ela pôs-se a andar desembaraçadamente pela casa e pela vida mais uma vez.

Quando não é possível mudar a paisagem exterior é preciso criar em forma de miniatura uma paisagem dentro de casa. Qualquer lugar pode ser transformado pela energia da variedade e da vida.

Se você vir gramados maltratados ou lugares cobertos de ervas daninhas...

Quando eu estava na faculdade, tinha uma companheira de quarto — uma pessoa triste — que usava seu armário como cesta de roupa suja. Ela jogava ali suas roupas recém-usadas e fechava a porta com o pé. Parecia que o armário ia "explodir", tal a quantidade de roupa suja. Finalmente, seus problemas se tornaram insuperáveis, e ela procurou alívio numa terapeuta, que sugeriu que suas roupas eram um paralelo de seu estado emocional. Quando ela arrumasse a confusão no armário, estaria pronta para lidar com seus problemas. Se não cuidarmos de nosso espaço exterior, como poderemos cuidar do nosso interior?

Se você não despendeu tempo e energia suficientes para melhorar o seu ambiente, faça isso agora. Em toda comunidade há um grande grupo de estudantes ansiosos para ganhar algum dinheiro extra.

Se o gramado descuidado é o do seu vizinho, ofereça-se para dar-lhe "uma mãozinha". Melhorar a sua paisagem irá melhorar a sua vida tanto quanto a do vizinho.

10
A vegetação

A vegetação é um receptáculo para a vida e nos ajuda interna e externamente. Nós a usamos para abrigo e bem-estar, com ela contamos para que nos proporcione a beleza. Cresci perto de uma floresta e passei muitos dias explorando um mundo repleto de "sentinelas" de madeira. Dosséis de folhas filtrando a luz solar formavam um abrigo muito parecido com uma tenda. Meu caminho para a escola era ladeado de plantações cheias de cor dando prova da habilidade dos jardineiros da vizinhança. A melhor amiga de minha mãe plantava cravos-de-defunto; a mãe de uma amiga, que costumava envolver os cabelos louros tingidos com um turbante, cultivava tomates em seu canteiro; uma francesa exótica, que se casara com um militar no tempo da guerra, deixava seu território coberto de ervas daninhas. Minha marcha para a escola todo dia era marcada por esses jardins ao lado da rua. Um enorme carvalho assinalava uma curva na rua onde eu apressava o passo para ver os mundos que encontraria ao fazer a curva.

Nossa ligação com a vegetação é tão arraigada na nossa psique, que torna-se difícil separá-la do panorama da memória. Isso deve ser parte da vida. Quando em tudo à sua volta há ação e energia, é o seu quintal ou o seu jardim que fornece — como o olho do furacão — um ponto central de calma. Um jardim é o yin (sossego) para o yang (ação) de uma casa. Um jardim ou um quintal podem ser considerados outra sala, combinando os melhores atributos de um quarto e de uma sala de reunião.

O livro de Dennis Fairchild, *Healing Homes*, arrola as propriedades que os antigos acreditavam fossem propriedades mágicas de diversas plantas. Ele escreve: "O dente-de-leão, comum, mas eficaz, assim chamado por suas folhas irregulares parecidas com os dentes de leão, é regido pelo sol. Porque suas flores se abrem por volta das 5 horas da manhã diariamente e se fecham às 8, elas serviram como relógios de sol para os pastores deixarem seus rebanhos e voltar para casa a fim de descansar." Casas com gramados na frente ornados com essa planta amarela e grande provavelmente terão vida saudável e estarão guardadas da calamidade.

Do mesmo modo, certas propriedades foram atribuídas a outras plantas comuns.

Bambu: favorece a longevidade.
Sempre-viva: dá proteção.
Centáurea: encoraja o equilíbrio no amor, na família e nas relações de trabalho.
Samambaia: atrai a riqueza.
Gerânio: aumenta a resistência para superar obstáculos.
Menta: mantém longe de casa os insetos voadores.
Malva rosa: propicia a fertilidade.
Rosa amarela: estimula os debates acirrados.
Tulipa: simboliza amor e dedicação.

Considere o efeito da cor sobre as suas emoções. Reveja a seção sobre cor, no capítulo 7, ou leve em conta esta lista:

O vermelho cria um chi ou energia positiva.
O verde protege e serve para aumentar a determinação.
O amarelo desperta a lucidez na pessoa.
O azul leva a pessoa a se concentrar nos seu problemas interiores.
O preto propicia individualidade e singularidade.
O branco mostra que você nada tem a esconder e está inclinado a absorver qualquer experiência..
O rosa predispõe ao descanso.
O púrpura revela espiritualidade.

Onde você mora pode haver uma vegetação característica à qual esteja ligada alguma lenda. Se lhe parecer adequado, respeite-a. Mas tenha também em mente que o tamanho das folhas da planta podem atender a diferentes exigências. Folhas pequenas farfalham ao mínimo movimento do ar e podem ser usadas em espaços fechados quando as únicas correntes de ar forem as criadas pelo movimento humano. As folhas maiores podem servir como um biombo ou divisória para um ambiente. As videiras podem atenuar a imagem agressiva do canto da viga de uma parede ou a beirada de um móvel. As plantas nos unem ao mundo exterior e trazem o verde, a cor da paz, do contentamento, para dentro da casa.

Teste

Marque 2 se você não tem nenhuma planta dentro de casa.

Marque 1 se tiver apenas um tipo de vegetação no seu jardim.

Marque 1 se a vegetação de seu quintal não for nativa da área.

Marque 2 para um jardim ou quintal em que não haja trilhas.

Marque 2 para um jardim ou quintal sem nenhum lugar para sentar.

O total de pontos negativos poderia ser 8. Naturalmente, resolver todos os problemas seria o ideal para você progredir. Se a soma dos seus pontos atingiu quase a metade do total acima, considere isso como uma advertência e cuide de fazer as mudanças necessárias o mais breve possível. O seu progresso depende diretamente das condições que o cercam.

Se você não tem nenhuma planta...

Os psicólogos da evolução acreditam, agora, que os seres humanos estão geneticamente programados para comprometer-se com um comportamento que influenciará o comportamento da geração seguinte. Porque a nossa prole exige um período mais longo de cuidado do que a de outros mamíferos, precisamos ter uma predisposição natural para proporcionar esse cuidado por um longo período. Estamos ligados à nossa biologia natural quan-

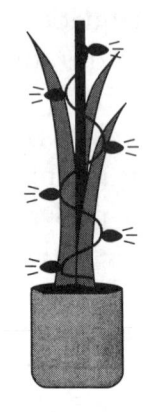

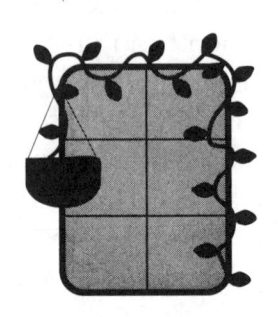

Soluções para aumentar os benefícios das plantas isoladas

do nos damos a oportunidade de cuidar das coisas vivas; assim, cuidar de plantas satisfaz um instinto importante.

Coloque uma planta ou alguma forma de representação da vegetação no seu espaço vital. Se você não tiver um "dedo verde", compre em algum viveiro uma videira grande que seja apropriada para a sua área. Faça com que as folhas da videira caiam em dobras sobre o peitoril da janela ou se enrolem numa estaca. Acrescentar luz ou cor aumenta o chi do lugar.

Seja criativo e divirta-se. Se uma planta morrer, convença-se a arranjar outra. Também é melhor ter uma planta artificial do que não ter nenhuma. Uma planta artificial nos liga à natureza do mesmo modo que a pintura de uma paisagem o faz.

Se o seu jardim não tem variedade...

Um vestido preto sem uma estola ou um lenço em volta do pescoço, um chapéu sem um ornato ou uma casa sem um objeto de arte raramente chamam a atenção. No entanto, para transformar o comum em alguma coisa animadora, não é preciso muita coisa.

Assim como uma paisagem sem variedades de vegetação pode nos impedir de prosperar (ver o Capítulo 9), um jardim só com um gramado parece sem vida ao lado de um que inclui uma variedade de cores e formas. Lugares de extrema miséria, como o Deserto do Saara e o Pólo Norte, são caracterizados pela falta óbvia de variedade, constituição e cor. Viver num mundo assim parece sinônimo de sofrimento.

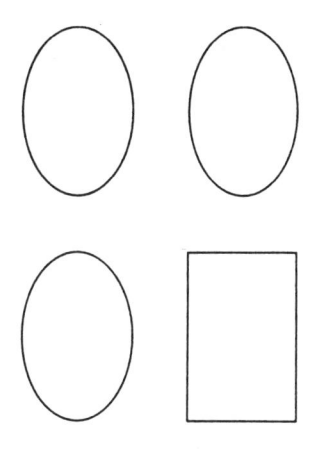

Qual o par que prende o olhar?

Um pé de magnólia em flor, uma "explosão" de gerânios vermelhos, pinheiros ao lado de árvores decíduas e urzes ao lado de touceiras de bambu são exemplos de variação na vegetação de um quintal. Um jardim pode alimentar a alma; sendo assim, torne o seu suntuoso.

O que prende o olhar capta nossa atenção. Olhem para o desenho acima com as quatro formas. Notem como quando duas formas ovais são dispostas uma ao lado da outra o olhar desliza sobre ambas. Quando o retângulo está ao lado da oval, o olhar pára, levando em conta cada forma individualmente. A variedade chama a atenção.

Ao fixarmos o olhar, sentimos o espaço como algo amplo. Uma pequena mudança pode causar um impacto imenso. A diversidade encanta e expande.

Até mesmo um relvado pequeno pode ser dividido em diversas áreas. Trabalhe o tamanho e a cor para alcançar resultados surpreendentes. Pendure objetos que balancem ao vento, gaiolas ou objetos que refratam a luz, como cristais, dependurados nas árvores ou em estacas, e instale uma pequena fonte de água recirculante. Plante flores, não em filas, mas em círculos para surpreender o olhar. Ligue as passagens ao redor da sua casa. Coloque cercas para fechar as áreas, ligue duas estacas com um barbante e orne-as com a videira, para dar origem a uma soleira.

Se estiver tentando aclimatar plantas não nativas...

Tentar cultivar plantas não nativas de um clima ou solo exige mais tempo e cuidado, bem como mais componentes artificiais, tal como mais água e substâncias químicas que os gramados do norte transplantados para o solo da Flórida exige. Manter um quintal cheio de plantas não nativas é como tentar não desmanchar o cabelo enquanto se mergulha numa piscina.

Zeroscaping é o termo usado para permitir apenas aquilo que é natural para embelezar a paisagem. Vi a magia de um campo de flores silvestres embelezar o gramado na frente de uma casa, em Ohio. Observei com prazer a aveia e os vinhedos do mar transporem os limites das dunas de areia invadindo o quintal de uma casa com frente para a praia. A terra e o ambiente são uma coisa só nesses casos.

O benefício de estar num lugar que não precisa de nenhum elemento artificial é semelhante ao de participar de uma maratona

Acrescentar um pormenor variado prende o olhar e cria áreas separadas dentro de um todo uniforme

no meio de milhares de atletas entusiastas em vez de descer correndo por uma rua sozinho. A vida é mais fácil com a companhia de nossos semelhantes à nossa volta.

Se o seu jardim não tem uma trilha...

Quando me sinto tolhida pelas fitas entrelaçadas, usadas como cordão de isolamento em casas históricas, sinto-me frustrada e afastada da experiência daquilo que ali existiu. Eu gostaria de transpor esses limites e entrar furtivamente. Só assim sentir-me-ia como se pudesse realmente saber como era viver nesses tempos. Só apalpando as coisas é que podemos verdadeiramente estar num momento. Negar a nós mesmos uma ligação com o nosso jardim é semelhante a deixar uma sala vazia na casa. É como se alguma coisa de sua vida estivesse faltando.

Crie um caminho vibrante ao redor da sua propriedade. Não importa quão pequeno seja o pedaço de terra, ele parecerá maior com trilhas que se cruzem e percorram os quatro lados de uma propriedade.

Diminuímos a consciência de qualquer situação limitando-nos a contemplar o que quer que seja de uma única posição vantajosa. Para ser capaz de ver todos os lados, precisamos nos expor a todo o quadro. Planeje para você um caminho vida afora, e um jardim de onde se possa ver tudo à volta.

Se não houver nenhum lugar para se sentar no seu quintal...

Um modo provável de se sentir formal e constrangido em qualquer situação, especialmente no escritório do patrão, é não ser convidado para se sentar. Quando somos deixados de pé, somos sempre visitantes, jamais hóspedes. Não seja um visitante no seu próprio mundo. Seu quintal é uma sala e deve ter um lugar de repouso convidativo.

O tronco de uma árvore, uma tora que rolou para a beira da água, uma rede ou até um cercado de madeira em que se possa sentar podem servir como assento num quintal. Não se sinta como se o único remédio fosse correr para comprar móveis para a parte exterior de sua casa. A criatividade é o único modo de se sair bem quando faltar dinheiro.

11
Terrenos para construção

Há sempre um lugar melhor aonde ir, quer você esteja numa fila para comprar ingressos, quer esteja num teatro ou no portão de largada da corrida de carros. Seja numa posição favorável em comparação com a dos demais ou num lugar sem interferências, o lugar onde você está determina a experiência que você vai ter. Uma casa precisa estar numa posição favorável para comunicar aos que nela vivem a experiência mais tranqüila e benéfica possível.

Cresci em New Jersey, numa rua que se prolongava subindo uma montanha. As Montanhas Orange brotavam da terra como as costas de um hipopótamo sentado numa poça d'água lamacenta. A casa da minha infância se localizava quase no ápice desse monte. Da porta da frente podíamos ver, rumo a leste, o horizonte em direção a Nova York. Atrás de nossa casa, raízes de bordo e carvalhos agarravam-se como dedos à beira da montanha. Minha casa tinha a vantagem de ser um lugar perfeito.

Todas as manhãs saíamos de casa e víamos um mundo sorridente. O sol se derramava sobre o caminho, infundindo-nos alegria e otimismo. Abaixo estendia-se um vale cortado pelo rio Hudson. Protegida dos ventos do norte pela floresta e por um morro, nossa casa acomodava-se numa fissura na subida da montanha.

Também o tempo era perfeito. New Jersey não tinha a indústria que mais tarde arruinou-lhe a paisagem. Do vale ainda se viam manchas verdes e árvores entre os edifícios. Nem toda a montanha estava coberta de casas e ainda havia campos para explorar. Os cervos não destruíam livremente os jardins e os guaxinins não precisavam do nosso lixo para viver porque havia terra suficiente para lhes fornecer forragem como alimento. A água era pura o bastante para se beber de um regato nos dias quentes de verão, e a neve tinha a brancura do leite até a primavera, quando derretia como cubos de gelo num copo de bebida.

O terreno da minha casa dava certo sentido de segurança, de amor pela terra e uma profunda compreensão de que o nosso lugar neste planeta é tão caro quanto a pessoa amada. Do mesmo modo fácil como eu descia a montanha todos os dias em direção à escola, decidi-me, mais tarde, a realizar um objetivo na vida.

Teste

Marque 2 se o terreno a partir da entrada da sua casa é uma subida.

Marque 2 para um edifício completamente exposto, desprotegido pela topografia ou pela vegetação.

Marque 2 para uma casa situada sobre uma planície de aluvião ou muito próxima de águas ruidosas.

Marque 2 para uma casa situada numa junção em forma de T.

Marque 2 para uma casa construída muito perto de uma rua barulhenta.

Marque 2 para uma casa construída num antigo terreno sagrado.

Marque 3 para uma casa construída sobre minerais contaminados, sobre uma fenda resultante de um terremoto ou sobre um córrego subterrâneo.

O total de pontos negativos poderia ser 15. Naturalmente, resolver todos os problemas seria o ideal para você progredir. Se a soma dos seus pontos atingiu quase a metade do total acima, considere isso como uma advertência e cuide de fazer as mudanças necessárias o mais breve possível. O seu progresso depende diretamente das condições que o cercam.

Se o caminho em frente da sua entrada é uma subida...

Será que você pode imaginar que se levanta toda manhã e, ainda com sono, se persuade a ir até a cozinha com o chão em declive e fazer o café? Começar cada dia enfrentando um obstáculo pode, com o tempo, deixá-lo sem vontade de acordar. É assim também que as casas com frente para uma subida fazem com que os moradores se sintam cansados.

Além disso, a água da chuva descerá pela inclinação, os carros poderão derrapar e invadir os acostamentos e haverá possibilidade de deslizamento de terra bem à frente da sua porta. Seria um problema constante.

Procure não comprar uma casa situada na base de uma colina. Se já estiver lá, atente para o seguinte:

- Plante diversos arbustos em forma de sebe ou barreira no alto da inclinação.
- Coloque algo que chame a atenção — uma caixa de correio ou um portão — perto do topo. Tendo um fim em vista, qualquer viagem parece possível.
- Se possível, diminua os lances de escada para dez ou doze centímetros, diminuindo o esforço exigido para chegar à rua.

Se a sua casa estiver exposta e desprotegida pela topografia ou vegetação...

Enquanto viajávamos pela Itália, meu marido e eu ficamos encantados com os castelos empoleirados no cume das colinas que pontilham a paisagem da Umbria. Construídas em lugares onde podiam ser vistas em toda a sua plenitude, essas construções situavam-se acima das demais. Perfeito para a realeza, mas não tão prático para o resto da humanidade.

Proteja sua casa com uma vegetação apropriada. Leve em conta a possibilidade de acrescentar mais verde para dar um toque final, como se estivesse às voltas com os últimos detalhes de uma vestimenta. Embora você não esteja vestido com ela, o apelo total dependerá da delicadeza dos adornos.

Se você vive num andar alto de um edifício, coloque pelo

menos um objeto leve — uma planta ou uma escultura — em frente das janelas. O objeto atrairá a atenção e redirecionará o chi para o interior da casa.

Se você vive numa planície aluvial ou muito próximo de águas ruidosas...

Um rio pode transbordar, a massa d'água de uma maré pode ultrapassar certos limites e uma queda d'água pode abafar os outros sons. A necessidade de se sentir protegido em relação a uma força incontrolável é tão natural quanto procurar abrigo durante uma tempestade de granizo. Quando uma propriedade está perto de grandes volumes d'água, a residência deve ficar longe da maré ou de enchentes e, de preferência, longe de qualquer som estrepitoso que possa abafar o som das vozes humanas. Mesmo que você não veja a água, se houver água nas proximidades da sua residência, pesquise para saber se você não está sobre um terreno de aluvião.

Visitei uma vez um velho moinho que fora transformado numa casa. Porque ficava ao lado de uma cascata, o barulho dentro da casa era ensurdecedor. Descobri que eu forçava minhas cordas vocais no final do que se supunha deveria ser um jantar tranqüilo. Os proprietários passavam o fim de semana, vindos da cidade de Nova York, e estavam mais acostumados ao ruído. Ainda assim, fico imaginando como esses fins de semana seriam mais repousantes se a casa ficasse a 50 metros daquelas águas cascateantes.

Coloque esculturas, fontes, plantas ornamentais ou postes de luz, um mirante ou um terraço entre a sua casa e o local onde há ruído. Dentro, providencie mobília de madeira ou objetos de barro. Como os elementos terra e madeira absorvem a água, seus símbolos irão aqui neutralizar esse desequilíbrio.

Não é de surpreender que as camas de cima dos beliches nos navios são mais caras do que as de baixo. Se a sua casa está perto de uma cascata, assegure-se de que os assentos não sejam baixos. Olhar as torrentes de água de cima é mais agradável do que vê-las de baixo.

Se a sua casa está situada numa junção em T...

Assim como o alvo para uma seta, uma casa no final de uma rua

O tráfego aponta diretamente para a casa no fim de uma rua de junção em T

é como a "mosca" para a energia que corre rua abaixo. A casa literalmente se posta no meio de uma rua. O tráfego atinge-a diretamente, fazendo com que seus ocupantes se sintam como se tivessem de se afastar para fugir do perigo.

A fim de resolver esse problema para a minha vizinha, reposicionei a entrada da casa, de modo que ela se desvia da estrada, plantei vegetação para separar a casa da estrada e coloquei no alto uma luz lateral, para difundir o brilho dos faróis iluminando uma grande área.

Se a sua casa estiver situada muito perto de uma rua barulhenta...

Todas as nossas experiências deveriam ter o mesmo movimento da maré, cheia e vazante. Como observar um tornado, estar numa casa perto de uma fonte constante de barulho ou de movimento pode dar nos nervos.

Quando um lugar de encontros ou um quarto faz frente para uma estrada movimentada, é preciso atenuar os efeitos disso instalando uma luz de alta voltagem do lado oposto à janela que se abre para essa rua movimentada. Arrume lugares para sentar que fiquem de frente para essa vista. Alinhe uma série de objetos que tenham força suficiente para atrair a sua atenção. Se um bom

Soluções para uma casa que fica no extremo de uma junção em T

ponto focal — como uma lareira, uma fonte de água ou um grande quadro — não estiver disponível, agrupe muitos objetos menores. Vasos de cerâmica, plantas variadas ou peças de coleção podem ser usados com sucesso para chamar a sua atenção no interior.

Se a sua casa for construída sobre solo sagrado...

Há alguns anos, recebi o telefonema de um casal que há pouco deixara a minha vizinhança. Depois de terem "subido" para uma casa maior, mais imponente, de frente para um rio, o marido começou a passar por reveses da sorte. Eles me imploraram para ir até lá e descobrir por que isso estava acontecendo. O endereço, Indian Mound Trail,* foi a minha primeira preocupação. Indaguei ao telefone se a casa tinha sido construída sobre algum cemitério indígena antigo. Embora não tivessem essa informação, eles sabiam que uma tribo de índios habitara a área em torno das margens do rio.

Tempos depois, enquanto me dirigia para lá, observei elevações atípicas de terra na paisagem normalmente plana da Flórida.

---

* Trilha do Túmulo do Índio. (N. da T.)

Poderiam ser montes artificiais de terra cobrindo um antigo povoado? Além disso, numa paisagem pontilhada de grandes e antigos carvalhos, o lote de minha amiga estava inusitadamente sem árvores. Mais tarde, quando perguntei quantas árvores foram derrubadas para construir a casa, me disseram que poucas, se é que alguma havia sido derrubada. Isso aumentou minha suspeita de que os meus antigos vizinhos estavam morando num terreno usado por uma tribo local com propósitos especiais.

A ligação de um lugar ao espírito universal é uma expressão de reverência para com todos. Seja natural ou resultado da intervenção humana, devemos ter respeito pelo que aconteceu no passado.

A cura recomendada para os meus antigos vizinhos foi criar um memorial na propriedade. Sugeri que construíssem uma fonte com a pedra nativa, a *coquina*, e usassem objetos semelhantes àqueles que supostamente podiam estar enterrados para decorar o lugar. Isso exigia pesquisa e tornou-se um projeto conjunto para os pais e os filhos. Eles descobriram fotos da cerâmica apropriada e enfeites de conchas e fizeram cópia dos desenhos em papel, que colocaram numa caixa e guardaram debaixo da terra. Além de isso ter sido uma lição de humildade, serviu também para reforçar a união dessa família.

Se a sua casa estiver construída num terreno sob o qual há elementos estranhos ou perigosos...

Eu tinha uma amiga que descobriu que a casa dela estava infiltrada pelo rádom, que é mortal, ao pô-la à venda. As leis que protegem os compradores de propriedades exigiram exames de rádom, porque essa área era conhecida pelo seu alto índice desse gás nocivo. Ela contratou os serviços de uma companhia licenciada para diminuir os níveis de rádom, absorvendo com uma bomba os vapores tóxicos localizados abaixo da fundação. Embora não seja barato, esse procedimento pode diminuir os problemas causados pelo gás rádom, que exigem tratamento a vida toda.

Infelizmente, ela não havia tomado o cuidado de providenciar esse benefício para si mesma e sua família. Pouco tempo depois, o marido, um não-fumante, desenvolveu câncer de pulmão e morreu. Os médicos especialistas concordaram que morar durante duas décadas numa casa com níveis tóxicos de rádom deve ter sido a causa. Reserve tempo para avaliar as condições da área na qual está construída a sua casa e não demore em tomar as providências necessárias para remediá-las.

Se uma casa estiver próxima de regiões onde costuma haver terremotos, construa-a com material forte e não coloque nos quartos vigas, estantes e armários. Se a água do poço estiver contaminada, filtre-a.

12
O caminho para a casa

Sempre se ouviu dizer que a antecipação é melhor do que a realização. Assim como um *hors d'oeuvres* desperta-lhe o apetite para a refeição, um caminho aumenta a antecipação daquilo que você está para conhecer lá dentro.

O modo como você chega à soleira de sua porta a cada dia faz diferença. É oportuna a comparação entre abrir um presente de aniversário embrulhado com papel colorido e abrir um presente enrolado em jornal. Trilhar um caminho até chegar à porta da frente de sua casa deveria despertar uma sensação de alívio interior, pois você devia sentir-se descansado, profundamente saudável e seguro ao pisar o solo familiar da sua casa.

A maior parte das casas é visível da rua, ao passo que nos apartamentos se entra por um saguão comum. Um caminho à entrada cria a transição do espaço público para o privado e começa a definir o território do lar. Defina esse espaço com cor e variedade de vegetação. Uma variedade de plantas, materiais usados na entrada e uma forma particular de canteiro com flores podem ser as únicas diferenças entre a sua casa e a que está ao lado. Se você mora em apartamento, pode diferenciar a sua porta da frente da porta do vizinho pendurando um símbolo apropriado ou colocando um tapete decorativo na soleira.

Teste

Marque 2 se não houver nenhum caminho discernível para a porta de entrada.

Marque 1 se a entrada para a casa costuma ser feita pela garagem.

Marque 2 se o caminho for reto.

Marque 1 se não houver coisas variadas para ver ao longo do caminho.

Marque 1 se a porta para a casa não pode ser vista do começo do caminho.

O total de pontos negativos poderia ser 7. Naturalmente, resolver todos os problemas seria o ideal para você progredir. Se a soma dos seus pontos atingiu quase a metade do total acima, considere isso como uma advertência e cuide de fazer as mudanças necessárias o mais breve possível. O seu progresso depende diretamente das condições que o cercam.

Se não há nenhum caminho para a porta da frente da sua casa...

Não ter um caminho até a porta de entrada pode fazê-lo sentir-se indesejado. Quer seja de ardósia ou de grama gasta pelo uso, um guia para a porta da frente sempre dá as boas-vindas.

Embora pensemos num caminho como uma passagem que atravessa uma distância física, a transição entre o mundo exterior e o interior da casa pode ser alcançada de outras formas. Um caminho deve ser criado quando o olhar for impelido a um objeto antes de avançar. Mesmo os que moram em apartamento, cujo saguão não tem características particulares, podem prestar atenção aos pequenos detalhes ao longo do caminho. Até mesmo dar uma olhadela no capacho em frente da porta do vizinho pode ajudar a caracterizar o seu caminho para casa. Se não for fazer nada disso, pendure um enfeite na sua porta como uma forma de saudação.

Se você entra freqüentemente na sua casa pela garagem...

Entrar em casa pela garagem pode fazê-lo sentir-se como se estivesse atravessando uma área de trabalho. As áreas de serviço e as cozinhas, que geralmente têm acesso pela garagem, o farão lembrar-se das coisas que tem para fazer ou que deixou de fazer.

É muito melhor entrar num espaço que o alegre e o ponha à vontade.

Se a entrada pela garagem não puder ser evitada, pendure um quadro numa das paredes perto da porta de acesso. Pendure no alto uma série de luzes que vá até a porta. Esconda o aquecedor de água ou a pilha de caixas com uma tela. Limpe a garagem e esconda os objetos úteis atrás de uma cortina ou dentro de um armário. Trate a entrada da garagem como trataria o vestíbulo da frente, pendurando quadros ou *posters*, colocando um vaso de flores, pintando as paredes com uma cor que combine com o resto da casa ou escolhendo uma área acarpetada, próxima à porta, que não tenha o desagradável cheiro de serviço doméstico. Certifique-se de que a luz é apropriada e conserve-a assim. Pintar a porta da garagem com uma cor viva pode sugerir que se é bem-vindo nessa casa.

Se o seu caminho for reto...

Quem precisa ir correndo para casa, como que com a sensação de urgência? A ciência nos diz que quanto mais reto e estreito for o leito de um rio, mais rápido a água correrá. As linhas curvas nos guiam delicadamente, enquanto as retas levam a apressar o passo.

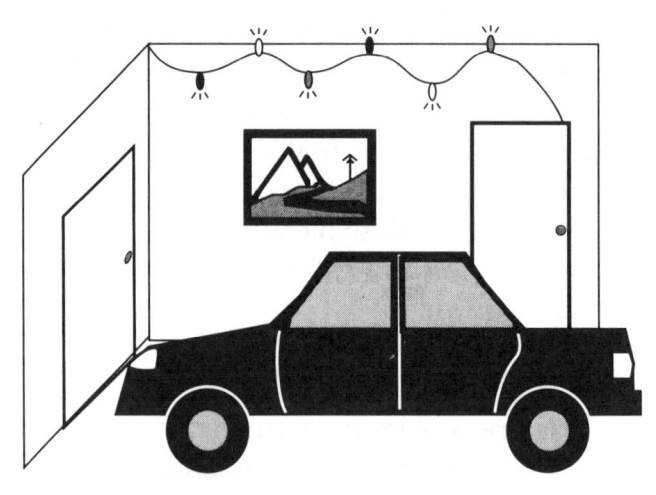

Soluções para entrar em casa pela garagem

Faça o caminho em linha reta ficar diferente: plante mais grama e mude-lhe a forma

Às vezes, o modo mais fácil de acabar com a monotonia de um caminho em linha reta é o espaço à volta. Por exemplo, se você tem um caminho em linha reta, de cimento ou de tijolo,

Outro modo de remediar um caminho em linha reta é colocando objetos no seu percurso

121

cortando um gramado, crie então o espaço no gramado, para dar novo aspecto à passagem. Ele pode ser feito com o mesmo material da passagem em linha reta ou pode ser decorado com plantas ou objetos. De qualquer modo, a redistribuição de materiais dará ao caminho em linha reta a impressão de que é um caminho curvo.

Quando o próprio caminho não puder ser alterado fisicamente, objetos nele dispostos podem levar a pessoa a se deslocar ligeiramente em outra direção. Coloque um pequeno chafariz onde os pássaros se banhem, um vaso de plantas ou qualquer objeto decorativo na passagem. Ele vai quebrar a monotonia da linha reta e induzir a pessoa a mudar de direção.

Se não houver nada que seja atrativo ao olhar ao longo do caminho...

O espaço em frente de uma casa é a sua primeira impressão. Seu estilo, o modo como é tratado e os ornamentos são os indicadores pessoais iniciais da família ou das famílias que ali residem. Ponha um pouco de você nesse cenário. Plante flores que sejam a expressão da sua cor favorita, cultive uma planta desde a semente e cuide dela até se desenvolver ou descubra um objeto que expresse a sua personalidade.

Até mesmo os que moram em apartamentos, e que talvez não possam fazer mudanças na sala de espera, fariam bem em enfeitar os corredores com alguns destaques característicos. Basta que você coloque um ornamento particularmente agradável na porta para criar uma transição melhor para o seu mundo pessoal.

Se você não puder ver a porta de entrada ao se aproximar da casa...

Embora as trilhas que atravessam os parques e florestas sejam por vezes estranhos, em parte porque geralmente se desconhece aonde levam, o caminho para a casa precisa ser um tanto familiar quando revelar a sua destinação. No *best-seller* de Stephen R. Covey, *Seven Habits of Highly Effective People*, uma das primeiras regras para o sucesso é visualizar o objetivo, em seguida, dar os necessários passos para alcançá-lo. Sem o fim em vista, não

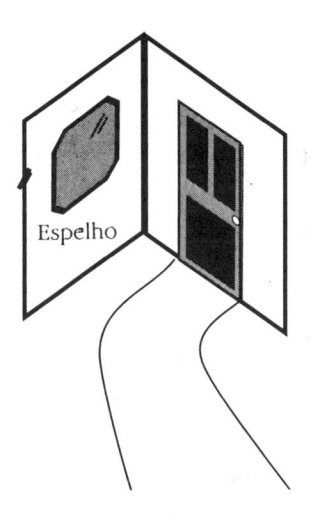

Coloque um espelho de modo que a porta possa ser vista do caminho que leva à entrada

estamos preparados e podemos nos sentir perdidos. Ver a entrada de nossa casa enquanto nos aproximamos dela é animador por saber que chegamos ao nosso ancoradouro. Quando morei em New Jersey, a porta da frente de minha casa estava voltada para a melhor direção, mas não a passagem de entrada. Coloquei um espelho na parede de fora para refletir a porta enquanto me aproximava. O espelho servia a um duplo propósito porque, quando eu estava dentro, ele refletia os que cruzavam a passagem; quando eu olhava pela porta, via a imagem deles como eles viam a minha.

Se o espelho não for uma solução viável, coloque um objeto que indique que a porta pode estar próxima. Uma luz, um cesto de flores, um capacho ou até mesmo pequenos sinos balançando ao vento, estrategicamente posicionados, poderiam ser o arauto no final do caminho.

13
A entrada de uma casa

Nada é mais forte do que a primeira impressão. Querendo ou não, a percepção inicial permanece gravada em nossa memória.

Assim como os olhos espelham a alma, uma entrada reflete as essências combinadas que residem no seu interior. O que ela comunica sobre você e sua família? Como essa área dá as boas-vindas e revela um pouco da identidade dos que estão dentro? Se a sua porta pode ser confundida com a de um quarto de motel, é tempo de fazer algumas mudanças. Uma entrada deve cativar e animar as pessoas a avançarem.

Teste

Marque 1 se, ao entrar em casa, puder ver a cozinha, o banheiro ou o quarto.

Marque 2 se você deparar com a parede interna a uns metros da entrada.

Marque 2 se ao entrar num vestíbulo tiver a visão de uma parede próxima ou de um cômodo distante do corredor.

Marque 2 se um espelho não refletir por inteiro a imagem de um membro da família.

Marque 1 se não houver nenhuma superfície para pôr as luvas, chapéu ou algum pacote perto da porta.

Marque 2 se não mais do que duas pessoas puderem ficar de pé à vontade perto da porta.

Marque 1 se a porta de saída estiver bem em frente da porta da entrada.

Marque 1 se a escada estiver diretamente em frente a uma porta de entrada.

Marque 1 se houver duas escadas, uma subindo e outra descendo.

Marque 1 se a área for pouco iluminada.

O total de pontos negativos poderia ser 15. Naturalmente, resolver todos os problemas seria o ideal para você progredir. Se a soma dos seus pontos atingiu quase a metade do total acima, considere isso como uma advertência e cuide de fazer as mudanças necessárias o mais breve possível. O seu progresso depende diretamente das condições que o cercam.

Se o quarto, o banheiro ou a cozinha puderem ser vistos da entrada...

Com muita freqüência, os quartos são usados privativamente. Quando as pessoas entram numa casa, todos os olhos deveriam se voltar para o coração da casa ou para o território partilhado, e não para as áreas de maior intimidade dos que ali moram. Notar a porta de um quarto entreaberta ao entrar em casa pode induzir o ocupante do quarto a se isolar conservando-o mais afastado das áreas de convívio. O isolamento, ao se intensificar, pode levar à divisão na unidade de uma família.

Os banheiros, projetados com funções privativas, também devem ficar longe da visão central.

Embora as cozinhas sejam importantes para a nossa vida, elas podem consumir muito tempo. A não ser para as pessoas que consideram cozinhar algo relaxante e criativo, as cozinhas são áreas de trabalho. Não é preciso nos lembrar do trabalho da cozinha quando entramos em nosso domicílio.

Uma entrada deve fazer você sorrir, sentir-se seguro e instigá-lo a avançar para o coração do seu espaço.

- Desvie a atenção de um campo de visão impróprio usando cores e objetos sensíveis ao vento ou à luz.

- Mantenha as portas dos quartos, dos banheiros e das cozinhas fechadas.
- Coloque objetos interessantes para desviar a atenção desses cômodos. Por exemplo, uma estante de livros do lado oposto a uma porta pode despertar o interesse pela leitura. Fotografias de membros da família podem aumentar esse interesse.
- Uma fonte de luz ou uma parede com uma cor um pouco diferente pode canalizar a atenção para o coração da casa.

Se uma parede bloquear a visão interior, depois de entrar...

Quando chegamos mentalmente a uma parede vazia, temos a sensação de que deparamos com um obstáculo, ou de que o curso do pensamento é desviado de sua meta fundamental. Ninguém gosta de se ver privado de uma informação.

Do mesmo modo, dar com uma parede ao entrar numa casa nos impede de progredir. O nosso chi é detido em sua rota. Dia após dia, podemos sentir como se estivéssemos entrando numa parede, se esta for a nossa primeira visão.

Pendure um espelho nessa parede que ofende a visão. Isso diminui o impacto causado pela parede. Se um espelho lhe parecer impróprio, deixe o espaço mais alegre colocando flores, plantas, fotos ou tecidos inusitados na parede ou no móvel próximo, para desviar a atenção. Uma fotografia dos membros da família empenhados numa atividade comum é um bom modo de fazer isso, porque é difícil não olharmos para nós mesmos.

Se uma parede cobrir parcialmente a visão do resto do espaço (visão parcial)...

A visão parcial ocorre quando a parede barra parte do campo visual. A sensação de profundidade sem equilíbrio no campo visual pode causar tensão ao nervo ótico, acarretando o que os antigos chamavam de *visão parcial*. Como o nervo ótico leva os impulsos visuais para o cérebro, ter a visão de algo próximo e de algo distante nos dá uma mensagem confusa. Dores de cabeça, sensação de desequilíbrio e certa propensão para se sentir irritado

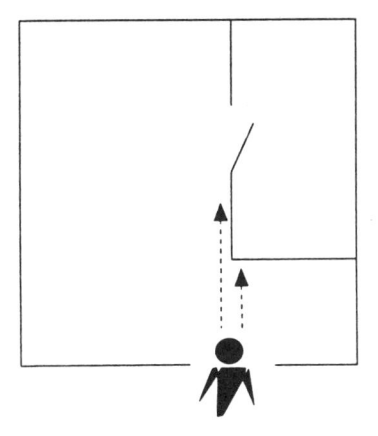

Olhar parcial

podem ser o resultado da visão parcial. Coloque objetos que apreendam o chi para que chamem a atenção, seja para a parede no primeiro plano, seja para o campo de visão em profundidade. Assim como reconhecer um amigo na multidão, esse objeto deve atrair o olhar. Uma planta, uma escultura, uma tela ou qualquer solução criativa podem dar conta disso.

Um objeto que apreenda o chi atrairá o olho para a parede em primeiro plano ou para o campo de visão em profundidade, dando equilíbrio à visão parcial

Se um espelho não refletir por inteiro a imagem de alguém que entra...

Samuel, o artista que ilustra este livro, tem um metro e noventa de altura. Sua imagem na maioria dos espelhos aparece cortada porque eles são projetados para refletir a média comum da altura das pessoas adultas. Um espelho que não reflete a imagem por inteiro é algo negativo. Seja para os adultos altos ou para as crianças, a imagem parcial no espelho transmite a sensação de que você não é considerado suficientemente importante para ser visto. Desse modo, pendure os espelhos na altura do olhar dos membros da família.

Quando o meu filho Zachary chegou à altura de um metro e oitenta e poucos, coloquei o espelho do banheiro em outra posição, para que ele não se sentisse como se estivesse sendo posto para fora de casa por falta de espaço. Seja sensível a esse aspecto e ao modo como as pessoas reagem a espelhos dentro de casa.

Se a entrada de sua casa tem um vestíbulo sem um lugar em que pôr os objetos...

O *feng shui* tradicional considera essa área ao lado direito da porta como "o canto das pessoas prestativas", ao passo que a escola da pirâmide a considera como a área da compaixão. Quando você providencia um lugar no qual possa deixar os objetos ou se apoiar fisicamente, está expressando compaixão para com as necessidades dos outros. A vida é um círculo e o interesse que você demonstra para com os outros só favorece a você mesmo no final.

Qualquer superfície, independentemente do tamanho, sobre a qual você possa repousar a mão, será útil. Um cabide para os guarda-chuvas e um cinzeiro antigo são alternativas para uma mesa ou prateleira. Se não houver nenhum espaço no chão, um candelabro de parede pode servir como indicador de espaço e iluminar a sua compaixão pelos outros.

Um espelho deverá refletir a imagem por inteiro

Se o vestíbulo de sua casa for pequeno e apertado...

Uma entrada pequena pode assemelhar-se a um cinto apertado; constrange. Poucos de nós se sentem bem no meio de uma multidão de pessoas que se aglomeram à saída de um teatro para ir embora. Ter um espaço apropriado próximo à entrada ou saída é imperativo para um bom *feng shui*.

Se não é possível ter uma entrada espaçosa, você pode iludir o olhar variando os materiais usados no soalho. Corte um pedaço de carpete de parede a parede e acrescente um padrão, um motivo ou uma cor diferente, ou jogue um tapete sobre a superfície existente. Uma mudança no soalho pode alterar a percepção que você tem do espaço.

Se a porta da entrada estiver em frente à porta da saída ou a uma janela...

Quando visitei a Índia, fiquei confusa com o gesto de cabeça "negativo" enquanto a boca dizia "sim". Do mesmo modo, uma porta de saída ou uma janela abrindo-se diretamente diante da porta de entrada estão como que dizendo a você "Entre", enquanto ao mesmo tempo estão lhe indicando como sair ou atraindo a sua atenção para fora desse local. Somos inclinados a seguir aqui-

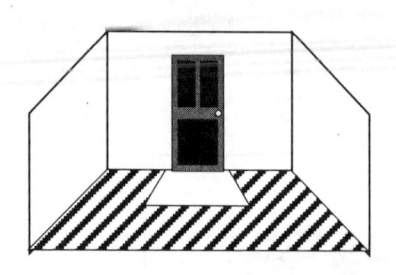

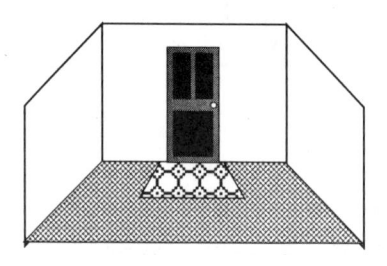

Variar os padrões do soalho pode ampliar o espaço do vestíbulo

lo que nos atrai o olhar, e se não formos distraídos muito provavelmente continuaremos até o fim.

Providencie algo para desviar a atenção de uma passagem para a saída. Uma fonte de luz, a mudança do soalho ou um objeto podem desviar-nos da tentação de deixar a sala. Um espelho posto de modo a captar o reflexo da pessoa que entra ou o movimento da porta de entrada podem ajudar a reter a nossa atenção.

Se houver uma escada diretamente em frente da entrada da casa...

Uma escada em frente da porta é tão atraente quanto uma escada rolante para uma criança. É quase irresistível. Somos levados a subir qualquer escada que se poste à frente.

Porque cresci em uma casa onde a escada ficava bem em frente da entrada principal, perguntei recentemente à minha mãe o que acontecia quando minha irmã e eu voltávamos da escola para casa todos os dias. "Vocês subiam os degraus para os seus quartos", foi a resposta, confirmando a teoria de que uma escada alinhada com a porta de entrada levará a subir os que entrarem.

Com bastante freqüência, o andar de cima abriga os espaços

Uma escada que dá as boas-vindas às pessoas que entram em uma casa leva-as a subir os degraus

privados, como os quartos. A entrada para uma casa deveria incitar todos a entrar no coração de uma casa, os lugares comumente usados por todos os membros.

Desvie a atenção dos degraus com uma luz mais forte, ou com um objeto maior perto da escada. Coloque lâmpadas de maior voltagem no corredor ao lado. Coloque um tapete colorido e decorado no espaço que leva para as áreas sociais da casa.

Uma planta, uma escultura ou um móvel pode ser colocado de modo a constituir um obstáculo que precise ser contornado. Ainda que o obstáculo nos faça desviar alguns centímetros, estes, estendendo-se até o fim do espaço, desviarão o olhar a uma grande distância para o outro lado da sala.

Tente isto: fique de pé e olhe para a frente. Agora, vire-se alguns centímetros e note o quanto o seu olhar percorreu o espaço. O olhar percorre grandes distâncias ao menor movimento.

Se a sua casa tem uma entrada de vários níveis com uma escada que sobe e outra que desce...

Entrar numa casa com uma escada que leva a níveis diferentes nos faz sentir como o xerife nas antigas sátiras de Laurel e Hardy. Numa delas, quando o xerife perguntou certa feita aonde o bandido havia ido, Laurel e Hardy responderam em uníssono: "Foi para aquele lado!", enquanto apontavam para direções diferentes.

Quando não podemos fazer mudanças estruturais, a solução está em atrair o olho para o melhor lugar. Nesse caso, o nível em que a sala de estar principal está situada é a área a ser realçada.

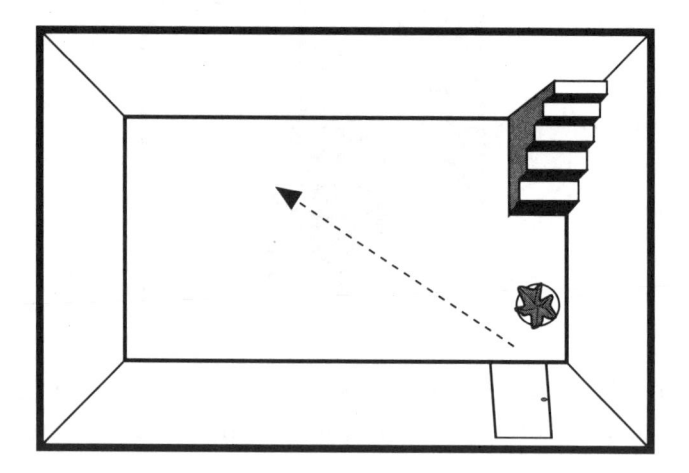

Para transmitir energia de cura a uma escada em frente a uma entrada, coloque uma planta ou um objeto que leve os que entram à área central do espaço

As soluções podem incluir desde a iluminação apropriada da escada, com uma série de luzes no corrimão, luzes junto ao rodapé, a pintura do teto logo acima com círculos de uma cor contrastante ou a pintura de cada degrau com um tom ligeiramente diferente.

Em minha casa de New Jersey, transformei uma escada comum em uma experiência prazerosa, pintando os degraus e os espelhos dos degraus de modo diferente e espalhando pequenas mensagens como "Você acabou de queimar dez calorias", ou "Quem sobe sempre faz progressos" apenas para entreter aqueles que estão subindo ou descendo.

Outra idéia é pintar a parede da escada que leva para as principais áreas da casa com uma cor mais brilhante do que a parede da escada, que é menos importante. Adorne a parede da escada que leva ao coração da casa com pinturas, *posters* ou com arte tridimensional. Trabalhe a energia à volta da escada preferida para atrair o olhar dos que entram.

Se a entrada de sua casa for iluminada...

Quanto mais velhos ficamos, mais dependentes somos da luz para definir o nosso ambiente. O valor real e implícito da luz deve ser considerado cuidadosamente à medida que a porcentagem da população acima dos cinqüenta aumenta.

A luz clara alegra. Transmite a sensação do conhecido e energiza o nosso espírito. Tendemos a seguir a luz de modo metafórico ou real. Embora a entrada de uma casa seja uma área em que passamos pouco tempo, usar luz clara nos atrai para o coração da casa.

Às vezes, mudar uma lâmpada de sessenta watts para uma de cem é a solução. De outro modo, invista numa lâmpada, num castiçal de parede ou coloque um *spot* para iluminar a entrada.

Se a entrada for usada quase exclusivamente para a recepção de hóspedes, por exemplo, leve em conta a possibilidade de reverter esse efeito. Quando somos hóspedes, desejamos menos luz até nos sentirmos em casa.

14
Setas secretas

Setas secretas são as pequenas perturbações que, com o passar do tempo, causam um profundo impacto. O modo mais fácil de pensar nas setas secretas é vê-las como linhas de energia negativa ou chi negativo que, embora nem sempre evidentes, assim como as etiquetas costuradas na parte interna de alguns artigos de roupa, com o tempo podem irritar. Suponhamos que toda manhã um colega que poderia gostar do seu trabalho lance um olhar quando você chega ao escritório. Com o tempo, o que de início foi ignorado facilmente vai-se transformando numa sensação incômoda. Para evitar esse olhar, você começa chegando mais cedo do que de costume, mas isso em nada o livra do problema. Depois de um certo tempo, você começa a se trancar no seu escritório, não sai sequer para conversar com os colegas, nem almoça no refeitório com a mesma freqüência de antes.

Seus colegas de trabalho percebem sua falta de atenção e logo você é colocado fora do círculo, o único a não saber que alguém do escritório central virá fazer uma visita de surpresa na próxima semana. Chega o dia e todos, menos você, estão prontos para mostrar o seu trabalho. Posteriormente, nesse mesmo ano, quando outras pessoas receberem aumento e promoções, você será esquecido. As setas secretas minam a resolução e podem fazer com que suas melhores intenções resultem em erro.

Setas secretas

Num prédio, uma seta é formada por um canto ou um objeto bem grande que aponta para uma casa ou lugar de repouso. É fácil reconhecê-la, se você souber o que procurar. Ângulos ou setas se formam quando duas linhas convergem e o seu projétil pode ser fisicamente nocivo. Esbarrar num canto de mesa é muito doloroso, porém esbarrar em algo de superfície ampla dói menos. Assim também, um canto pode prejudicar a sua saúde psicológica.

As setas secretas podem se formar a partir de prédios, postes de luz, placas, ruas, linhas de telhado, móveis ou vegetação que apontem para uma casa. O objeto apontado normalmente é imóvel, como uma casa, a porta de saída, uma cama ou uma escrivaninha.

Uma seta secreta é como ter uma vareta cravada no seu flanco: ela não vai apenas molestar, mas também poderá causar mal. Um espírito positivo pode ser modificado por uma pressão insidiosa ou sutil.

Deparar com o canto de uma construção pode ser comparado a olhar diretamente para a ponta afiada de uma faca, em vez de olhar para o lado achatado e inofensivo. A sensação de ver uma quina ao olhar para fora pela janela pode fazer com que o ato de entrar na sua casa, de relaxar em sua cama ou na cadeira ou de sentar-se em sua escrivaninha com o tempo se tornem negativos. A duração do tempo em que você está sujeito à seta ou a freqüência de sua ocorrência (por exemplo, uma seta secreta apontando para a escrivaninha em que você se senta a maior parte do dia) é um aspecto importante.

Teste

Marque 2 para cada, se um grande prédio, um quadro de anúncios ou um poste elétrico se projeta na direção da sua casa.

Marque 2 para cada, se a quina de um telhado, o quadro de um anúncio ou o canto de um prédio aponta na direção da sua casa.

Marque 2 para cada, se a viga de uma parede ou o canto de outro cômodo se projetar sobre uma sala e se a sua quina estiver voltada para um sofá, uma cadeira ou uma cama.

Marque 2 para cada, se a quina de uma escrivaninha ou de algum objeto fixo numa casa ou escritório apontar para uma área de descanso, onde você se senta ou dorme.

Não há nenhum limite para a contagem deste teste. Se você tiver mais de duas setas apontadas para você ou para a sua casa, é melhor resolver esse problema. Você pode "sobreviver" com uma seta secreta, mas será mais fácil viver sem ela.

Se a sua casa tem um prédio com vista sobre ela...

Há uma expressão que fala de não se viver à sombra de alguém, lembrando-nos para não deixar que a presença de outra pessoa nos oprima. Assim como as pessoas, os prédios podem projetar sua sombra e ofuscar os outros que estão próximos.

Toronto está construída à beira do Lago Ontário. A margem do lago costumava ser um lugar seguro para passear e para passar uma tarde agradável de domingo. O desenvolvimento original em volta do lago era lento em densidade e volume de construção. Ultimamente, as margens tornaram-se uma área fundamental de desenvolvimento. Imensos prédios de muitos andares substituíram os menores, anteriores, e suas sombras gigantescas lançam uma escuridão ameaçadora sobre a área circundante. O que antes era um lugar seguro tornou-se inseguro, à medida que as sombras foram criando áreas escuras e lugares que devem ser evitados. Sem a luz do sol, os passeios tornaram-se frios no inverno, quando os raios do sol fazem muita diferença. As setas secretas lançadas pelos prédios maiores devem ter influenciado não apenas a vida dos que moram e trabalham ali, mas também o comportamento de toda a área.

Grandes objetos que se projetam próximos à sua casa, só por seu volume e tamanho, podem limitar o sentido pessoal de bem-estar. Lembro-me de correr para a quadra de basquete para comemorar a vitória do time do colégio de meu filho. Ao andar por entre os jogadores, senti-me mal, como um broto numa floresta de sequóias. Do mesmo modo, podemos ter a sensação de esmagamento em função dos edifícios mais altos e maiores que se projetam sobre o nosso.

Se um edifício maior se projetar sobre o seu, ponha um mastro, pendure uma biruta, aumente as instalações de luz exterior ou invente algum tipo de ornamento maior do que tudo para afirmar a presença da sua casa. Plante vegetação para que ela bloqueie a sua visão ou pendure um sino ou carrilhão de parede em sua porta para fazer a energia fluir quando você for abri-la.

Se a quina de um edifício, um quadro para anúncios ou se outro objeto grande estiver apontado para a sua casa...

Um objeto nunca poderá ser maior do que uma casa e se projetar sobre ela para afetar você negativamente. Os objetos numa posição em que pareçam ameaçadores podem espantar a sua boa fortuna.

Como mudar um edifício de lugar é impossível, você terá de encontrar outro modo de reduzir o impacto negativo de uma seta. O Capítulo 5 explicou como os elementos (fogo, terra, água, madeira, metal) podem diminuir a força dos demais. Este é um momento perfeito para pôr em prática esse conhecimento.

Por exemplo, se a quina de um telhado apontar para a porta da frente da sua casa, procure saber do que ele é feito. Se é de asfalto (feito dos dois, terra e elementos metálicos) você pode usar água na sua cura, pois esse é o elemento que reduz a terra e o metal. Usando a água verdadeira ou o seu símbolo, como um chafariz onde os pássaros possam se banhar, uma fonte de água recirculadora, um espelho ou qualquer objeto azul, ou preto, como um pedaço de papel preto entre a quina do telhado e a porta da frente de sua casa, você diminuirá a força da seta negativa formada pela ponta do telhado.

Se o canto de outra sala ou se uma viga estiver dirigida para uma área de estar ou de dormir...

Você alguma vez já esteve sozinho e, sem explicação, de repente teve a incômoda sensação de que alguém o estava observando? Isso pode acontecer quando os cantos ou vigas das paredes estão voltados para o lugar onde você está sentado ou dormindo.

Reposicione as áreas importantes em que as pessoas se sentam ou dormem afastando-as da linha que se estende dos cantos. Se isso for impossível, coloque uma pequena mesa, uma luminária, uma planta ou escultura perto da mobília afetada pela seta para bloquear seu impacto. Se o objeto for feito de um elemento que diminuirá o elemento da seta secreta, você duplicará o efeito do nosso remédio. Como o estuque é composto do elemento terra e a madeira absorve os nutrientes da terra, desse modo, reduzindo-lhe a vitalidade, uma mesa de madeira perto de uma cama diminuiria o efeito de uma viga da parede.

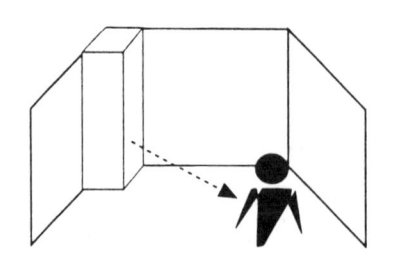

Cuidado com o canto das paredes que apontam para as áreas em que as pessoas ficam sentadas ou dormem

Se a quina de uma escrivaninha ou se outro objeto numa casa ou escritório estiver apontada para um área em que as pessoas ficam sentadas ou dormem

Ter a quina de uma escrivaninha, de um armário ou mesa dirigida para você é o mesmo que ter um dedo apontado na sua direção. Eis aqui alguns modos de diminuir a sensação incômoda de uma seta secreta.

- Se a seta for formada por uma mobília de madeira, coloque um vaso de cerâmica com uma planta voltado para a seta. A terra finalmente cansará (apodrecerá) a madeira.
- Se a seta for formada por uma mobília com uma cornija triangular ou por um armário pintado de vermelho, ponha um vaso com água voltado para a seta, para que "apague a chama".
- Se a seta for formada por uma mobília de metal, ponha um vaso de flores sobre a mobília que estiver recebendo a seta. A água enferruja o metal.
- Se a seta for formada por uma mesa de tampo de vidro, ponha um objeto feito de madeira para bloquear a seta. A madeira absorve a água e o vidro representa o elemento água.

15

A vizinhança

Antes que as superestradas atravessassem a América e as rotas de avião se vissem congestionadas como a Main Street, USA, a vizinhança era a nossa segunda pele. Sabíamos quem morava nas casas que pontilhavam nossas ruas. Éramos conhecidos tanto pelos negociantes como pelas mães e pais que passavam o tempo de lazer em seus alpendres ou quintais. Em suma, vivíamos num mundo que nos era familiar.

Diferentemente das outras espécies, somos capazes de modificar nossos arredores para alargar os limites da nossa vida. Não é o bastante estarmos suficientemente alimentados e seguros em casa. Nós, humanos, temos procurado obstinadamente por novos caminhos para minimizar a nossa necessidade da arte da sobrevivência e maximizar a experiência do prazer e do lazer. Assim fazendo, às vezes desprezamos o fato de que o poder que nos é delegado está no sentimento de ligação com a família e a comunidade.

A vizinhança tem uma personalidade, assim como os indivíduos. O gosto, bem como as condições econômicas, refletem-se na nossa vida do mesmo modo que um espelho reflete uma imagem. Com certeza, existem os que superam as desvantagens de viver dentro de uma estrutura social doente, mas, para a maioria, nossa vida reflete a extensão de nossos arredores.

Eu não poderia viver numa vizinhança com a monotonia de gramados aparados, assim como um peixe não poderia viver fora da água. Em vez disso, prefiro viver numa vizinhança animada, onde o individualismo está estampado em cada pedaço de terra. Estar inserida em um ambiente singular reforça o desejo de descobrir minhas qualidades especiais.

Existe um número limitado de pessoas que podem viver juntas e que se consideram uma unidade. Há um tamanho ideal para uma sala de aula, para uma cidade, um Estado ou uma nação, mas o aumento das áreas suburbanas começou a desafiar a união entre os homens. A vizinhança é a nossa última defesa na preservação de uma qualidade de vida saudável.

Muitos de nós podem se lembrar do primeiro dia em uma nova escola. Sem conhecer ninguém e sentindo-se pouco familiarizados com o meio, alguns devem ter-se sentido como eu — isolada numa concha invisível. De repente, uma feliz coincidência! Devo ter deixado cair alguma coisa no chão e alguém me ajudou a pegá-la, ou percebi um sorriso no rosto de um colega e nos sentamos juntos na hora do almoço. Foi feita uma ligação e o isolamento desapareceu. Sentirmo-nos seguros, notados e tratados com atenção é o que definitivamente nos liga ao lugar.

É bom saber que a palavra *vizinho* pode significar amigo, associado, companheiro, colega e parceiro.

Teste

Marque 2 se não houver nenhuma trilha ligando casa a casa.

Marque 1 se houver uma construção pouco apresentável na sua vizinhança.

Marque 1 se não houver nenhuma divisão entre os lotes, seja artificial ou natural (cercas ou árvores).

Marque 1 se não houver nenhuma comunidade que se reúna num ponto da vizinhança, comercial ou de lazer.

Marque 2 se a sua casa ou um edifício com vista sobre a sua casa não tiver nenhuma janela de frente para a rua.

Marque 2 se você tiver alguma rixa com um vizinho.

O total de pontos negativos poderia ser 9. Naturalmente, resolver todos os problemas seria o ideal para você progredir. Se a soma dos seus pontos atingiu quase a metade do total acima, considere isso como uma advertência e cuide de fazer as mudanças necessárias o mais breve possível. O seu progresso depende diretamente das condições que o cercam.

Se não houver nenhuma trilha ligando as casas numa vizinhança...

As calçadas são as veias de uma vizinhança, ligando uma casa a outra e uma rua a outra. Criando corredores e trajetos definidos, as calçadas mantêm a paisagem povoada. É saudável viver num lugar em que se sinta no ar a atividade.

As calçadas são o chão comum para as pessoas se tornarem membros de um lar maior. Seja para jogar, passear ou para o intercâmbio social, as calçadas são um lugar para a ligação.

Não faz muito tempo, li um obituário ultra-elogioso para William Levitt, fundador e criador de Levittown, um precursor no desenvolvimento suburbano em Long Island, Nova York. Depois da II Guerra Mundial, para acomodar os que queriam fugir das cidades, Levitt construiu casas do mesmo modo que Henry Ford fabricou automóveis. Com os conceitos da linha de produção, ele tornou mais eficiente as técnicas de construção e construiu casas passíveis de serem adquiridas pelas massas. Embora essa seja uma idéia nobre, eu me exaspero com seus métodos.

Muito relutantemente posso perdoar o fato de ele arrasar a topografia natural, desfigurar as montanhas e preencher os vales para que suas máquinas de construção de estradas pudessem ter pelo menos uma área para preparar e aplanar.

Posso, de certo modo, entender a erradicação de árvores e de outros tipos de vegetação que estivessem restringindo o acesso a um terreno de construção. Carregar manualmente materiais de construção seria uma despesa adicional para a casa.

Construir uma grande quantidade de prédios de forma e tamanho semelhantes daria à vizinhança uma sensação de absoluta igualdade, como se a raça humana tivesse composição genética idêntica. Planos idênticos poderiam dar a impressão de variedade pela invenção e imaginação. Talvez a expressão cópia-carbono

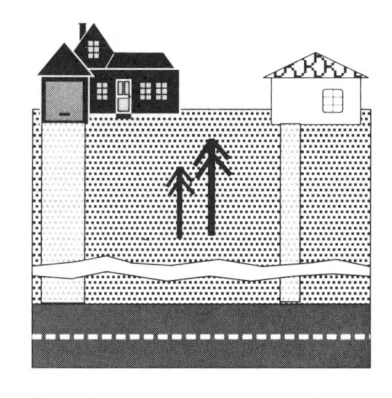

Crie uma faixa de acesso onde não existem calçadas

impelisse as famílias a inventar, dar origem e conseguir alguma singularidade quanto ao espaço.

No entanto, a "última gota", o golpe final para os habitantes dessa nova cidade foi a eliminação das calçadas e a mistura do aspecto residencial com o comercial, lado a lado. E lá se foi o contato humano comum.

As ruas não poderiam possibilitar um terreno comum seguro, enquanto os carros enchiam essas artérias. A paisagem ficou pontilhada de células metálicas fechadas transportando a população da vizinhança para as compras, para o trabalho e para a escola. Não era mais comum amar seus semelhantes como a si mesmo; agora, era incomum conhecer o vizinho.

Se não houver a calçada tradicional, seja criativo. Valha-se de um pedaço gramado e crie um miniparque no jardim em frente à sua casa. Algumas comunidades construídas sem o benefício das calçadas estão se reunindo para escolher uma faixa de terreno que sirva de acesso, seja na frente ou atrás das propriedades, para ser usada como passeio, para caminhadas, para andar de bicicleta ou

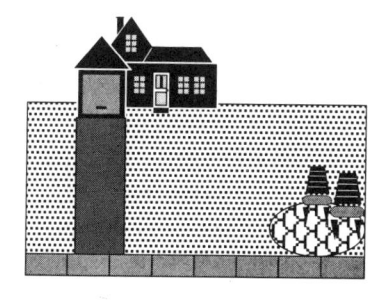

Outra solução para a falta de calçadas é criar uma área de encontro em um quintal

correr. Anime-se a construir um caminho comum que cruze os quintais como área para as crianças andarem de bicicleta e para as pessoas passearem. Tenho visto caminhos com pedras, bandeiras, flores ou apenas seixos cortando gramados verdes. Não importa o material usado, contanto que expresse a intenção de criar um passeio apropriado e comum à comunidade.

Nem todos vão querer destinar sua propriedade particular para esse fim, mas as comunidades têm-se beneficiado disso, mesmo quando cheias de becos sem saída. Às vezes, a objeção das famílias residentes se desintegra em face à execução bem-sucedida.

Se o consenso da comunidade falhar, coloque uma placa na sua propriedade, indicando que há um ponto de encontro ou um miniparque no seu jardim. Se você mora num edifício de apartamentos, persuada o condomínio a fornecer essa área. A intenção já é o começo da solução.

Os corredores são as calçadas dos apartamentos. Nos prédios, as pessoas precisam se conhecer umas às outras. Dê uma festa duas vezes ao ano em sua sala de espera ou corredor! Coloque o nome dos novos locatários perto do elevador ou do poço da escada. De algum modo, tratem de conhecer-se. Raramente damos as costas a alguém que conhecemos.

Se houver bolsões ou construções em condições precárias em sua vizinhança...

Se houver uma área em construção na sua vizinhança, tome um novo caminho para casa, para não vê-la. Coloque uma planta ou qualquer objeto que lhe barre a visão dessa paisagem desagradável. Se necessário, reposicione temporariamente as cadeiras na sua casa, para não se sentar e ver a construção. Como uma construção é temporária, essa é uma mudança temporária nas suas condições de vida; mesmo que não seja ideal, logo passará.

A ferrugem na vizinhança é uma condição mais prejudicial e duradoura. A ferrugem visível num carro acabará, por fim, tomando conta dele. A terrível célula cancerígena é apenas uma no início. Problemas na nossa vida podem se agravar mais do que podíamos imaginar. Faça parte de um esforço cooperativo para cuidar da ferrugem na sua vizinhança, antes que isso se choque negativamente com a sua vida.

Rompa os limites da desunião. Faça parte de uma equipe para impedir que a ferrugem se alastre na vizinhança. Se ninguém mais o ajudar, faça isso você mesmo. Pense em todos os que irão se beneficiar com os seus esforços. Sua auto-estima aumentará com o conhecimento de como seus esforços servirão a muitos.

Se os perímetros da propriedade não estiverem demarcados...

O ovo tem uma casca, a flor tem suas pétalas e nós temos a nossa pele para defender as partes vitais internas. A maioria das coisas vivas são protegidas por um invólucro externo. Do mesmo modo que o nosso corpo pede privacidade, também a nossa casa a pede. A antiga sabedoria *feng shui* nos diz para cercar nossas casas com um muro ou cerca para nos sentirmos protegidos. Devíamos ter de nos revelar apenas quando desejamos.

As casas estão no epicentro da nossa existência e devem estar a salvo de danos potenciais do mundo ao redor, mas no Ocidente atualmente isso não significa isolar nosso mundo da visão física. Muros e cercas podem isolar ainda mais a nossa vida. Como não vivemos num complexo familiar amplo e não temos o benefício das comunidades estáveis, como existiam na antiga China, é melhor participarmos da vida da comunidade estando visualmente ligados a ela. Por conseguinte, para zelar por uma condição básica e necessária para todas as criaturas, devemos definir nosso território sem nos isolarmos nele.

Edward T. Hall, em seu livro *The Hidden Dimension*, escreve que temos perímetros biológicos assim como sociais. Embora muito ou pouco espaço possam afetar-nos negativamente, o espaço amplo é determinado pelas condições sociais e biológicas. Por exemplo, uma criança necessita de uma área definida para se sentir livre para as suas explorações. Quando a distância excede nossa capacidade de entendimento, podemos ficar inquietos. Como os animais, precisamos sentir que o nosso terreno está definido. Precisamos saber onde o território de nossa responsabilidade termina e onde começa o outro.

Se houver muros ou cercas em volta da sua casa, certifique-se de que pode ver além desses limites em direção à área próxima. Uma bela árvore, uma paisagem particularmente agradável deveriam ser vistas do Interior da sua casa. Você pode ser exigente na escolha, mas, na maior parte dos casos, é benéfico estar ligado à vida da vizinhança.

Use tipos de vegetação, de árvores, flores ou videiras subindo por uma treliça para purificar os limites sem obliterar a vista.

Se você vive numa vizinhança sem uma área comercial ou de lazer e encontro...

Assim como uma casa sem uma sala de estar pareceria ridícula, uma vizinhança sem um lugar de reunião é absurdo. Mesmo assim, muitas comunidades se formam sem essa característica.

Quando alguém que mora num subúrbio precisa de leite, não precisa fazer mais do que mandar uma criança até o fim da rua para buscá-lo. Em nossos dias, geralmente uma família tem de ir de carro para conseguir suas provisões. Ao fazê-lo, perdem muitas oportunidades de se encontrar, enquanto percorrem a distância isoladamente.

Na minha residência atual, escolhemos a entrada para carros de um dos nossos vizinhos como o lugar de encontro. A garagem da família foi transformada em sala de exercícios, com vários vizinhos contribuindo com partes dos equipamentos de ginástica. Todas as noites, a porta se abre e quem quiser pode entrar para conversar ou se exercitar. Isso é o que faz de um agrupamento de casas uma vizinhança de verdade.

Meus pais se mudaram para o seu atual condomínio, na Flórida, e gostaram dele desde o primeiro dia. O vestíbulo, um epicentro da vida social do condomínio, tinha um quadro de avisos com uma lista de atividades. Os elevadores tornaram-se centros de bate-papo social, e os poucos metros até a saída um momento para cumprimentar os vizinhos que por acaso estivessem no corredor. De um modo geral, essa mistura de vizinhança e comunidade social deu-lhes o sentido de pertencerem ao lugar, que de outro modo teria lhes faltado se tivessem se mudado para um local onde não tivesse uma calçada e onde as famílias vivessem isoladas umas das outras.

Descubra um lugar bom para se reunir na sua vizinhança. Pode ser perto do ponto de ônibus escolar, pelas manhãs. Pode ser parte do ritual vespertino de fim de semana de cortar grama ou de uma festa anual em algum feriado da comunidade. Em qualquer caso, alguma festa tradicional pode fazer a diferença entre a distância e a união.

Se a sua casa não tiver nenhuma janela de frente para a rua ou se da sua casa você puder ver um edifício sem janelas...

Do mesmo modo que um indivíduo precisa estar ligado, uma comunidade precisa de fios que lhe amarrem todas as partes. Jane Jacobs, a teórica social cujas idéias deram nascimento a muitas considerações no planejamento de cidades, julgou os "olhos postos na rua" um ingrediente essencial para a segurança, a eficácia e o espírito de uma comunidade. Sem janelas de frente para as áreas partilhadas, uma comunidade não terá guardiães.

Quer seja a rua, o parque, a travessa ou a estrada, ter vista para a vizinhança é essencial. Um espelho apontado para a direção certa pode refletir uma paisagem escondida. Invente modos de colocar espelhos para refletir a paisagem.

Coloque uma cadeira de leitura, uma escrivaninha ou uma mesa para o café da manhã que dê possibilidade de olhar para alguma vista da vizinhança. Enquanto escrevo este livro, sinto-me menos escondida porque minha mesa dá para a frente da casa. As crianças da escola que saem de casa todas as manhãs, os surfistas carregando suas pranchas para a praia, os transeuntes e os que correm são todos um intervalo agradável quando levanto os olhos do meu monitor, tentando invocar os melhores modos de escrever este livro.

Curar a imagem de um edifício sem janelas é mais difícil. O melhor que podemos fazer na maioria dos casos é reforçar nossas opções de ligação. Coloque um telefone, um aparelho de tevê ou rádio perto de uma janela que dá frente para um edifício que não tem vista para a rua.

Se houver sentimentos negativos entre você e os vizinhos...

Embora você não pense na saúde quando acha que não se dá bem com os vizinhos, isso pode ter um resultado indesejável. Conheço uma pessoa que encurtou a caminhada que fazia depois

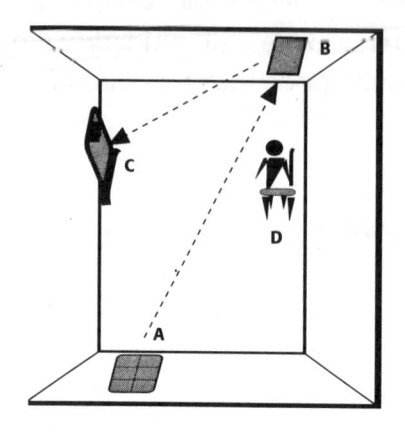

Espelho refletindo outro espelho para permitir a visão da rua:

A. uma janela com vista do lado de fora
B. um espelho refletindo uma vista
C. um espelho refletindo um outro espelho que, por sua vez, reflete a vista
D. pessoa numa cadeira olhando para um espelho que reflete um espelho que reflete uma janela e uma vista

do jantar, nos dias de bom tempo, porque não queria passar em frente à casa de uma família com quem tinha problemas. Finalmente, ela ganhou peso, devido à redução do exercício, o que fez sua pressão arterial elevar-se. Sua saúde foi prejudicada pelo problema que estava tendo com os vizinhos.

Nosso sistema de imunidade, o guardião da nossa saúde, reage às emoções humanas. Felicidade, riso e alegria provaram que não apenas mantêm o bem-estar como também curam doenças. Norman Cousins, em seu livro *Anatomy of an Illness*, ajudou a curar uma doença do tecido conjuntivo inundando sua vida com cinema, livros e amigos que pudessem fazê-lo rir.

Seja lá o que tenha feito o vizinho, perdoe-o. Guardar rancor faz mal à saúde, além disso, onde fica a *joie de vivre*? Ocupar-se do positivo e não do negativo é um modo de criar a fartura para você. Deixe que a lei universal lide com o seu vizinho. Eleve-se acima da negatividade e usufrua os benefícios do comportamento positivo que inclui a saúde, a felicidade e o sucesso.

As soluções

*Detalhes
da
arquitetura*

16
A forma de uma casa

A natureza continua adaptando a forma de uma espécie até haver a união perfeita entre a sobrevivência e a forma. Quando a forma não segue a função, ela se torna antiquada.

Existem formas superiores quanto a conservar certas funções. E a função é definida não apenas pelas condições físicas do ser mas também pelas prerrogativas culturais.

Para determinar uma forma para o recipiente no qual vivemos ou trabalhamos precisamos primeiramente entender a topografia local, o clima, a cultura e as condições sociais. Se a terra for montanhosa e íngreme, a forma pode estar limitada a ter diversos andares para fornecer os metros quadrados adequados. Se o clima for frio, os quartos devem ser projetados com tetos baixos para que se tenha calor. Uma família com filhos morando em casa deve situar os quartos de modo diferente do de uma família cujos filhos já crescidos a visitam como hóspedes algumas vezes ao ano. Finalmente, considerações tais como as desvantagens mentais ou físicas, os lugares de trabalho, e o arranjo do espaço tal como os dormitórios numa escola ou nas comunidades dedicadas a algum tipo de retiro devem ser avaliadas para produzir os melhores resultados possíveis. As necessidades individuais ou do grupo precisam estar separadas, ser avaliadas, e é preciso que haja empenho coerente nesse sentido.

Um bom exemplo disso seria uma casa com alas de quartos separados. Nessas casas, os quartos dos filhos e dos pais estão colocados em áreas opostas. Separar os filhos dos guardiães responsáveis pelo seu cuidado é tão inteligente quanto deixar que uma criança perambule sozinha por uma loja de departamentos. Isso não é a garantia de que elas se perderão, mas com certeza você está aumentando as possibilidades de que isso ocorra. Um bom projeto beneficiará a cada indivíduo, bem como o propósito do grupo.

Teste

Marque 2 para cada quarto, cozinha ou sala de estar que se sobressaia quanto à parte principal da casa.

Marque 1 se você tiver uma casa em forma de U e morar em clima frio.

Marque 1 se os pisos superiores se projetarem sobre os níveis inferiores.

Marque 1 se a casa tiver muitos ângulos e níveis.

Marque 2 se os lados mais compridos de um retângulo forem mais do que três vezes e meia os lados mais curtos.

O total de pontos negativos poderia ser 7. Naturalmente, resolver todos os problemas seria o ideal para você progredir. Se a soma dos seus pontos atingiu quase a metade do total acima, considere isso como uma advertência e cuide de fazer as mudanças necessárias o mais breve possível. O seu progresso depende diretamente das condições que o cercam.

Se a sua casa tem uma sala que se prolonga a partir da área principal da casa...

Qualquer que seja a atividade realizada em uma sala que esteja fora do enquadramento principal da casa dará a impressão de diminuição e falta de ligação. Se a sala for um quarto, seu ocupante pode não se sentir acolhido no seio da vida da família. Trata-se de um sentimento semelhante ao de ser escolhido por último para compor um time de vôlei... Você está no time, mas o seu *status* é mínimo, porque você foi escolhido por último.

Na antiga China, a estrutura familiar pouco variou de década para década. A maior parte dos lares conservou um núcleo ou

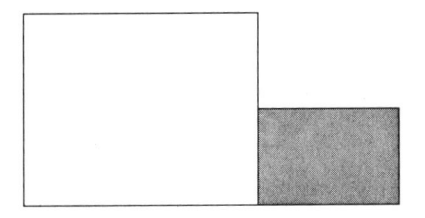

Uma sala que se prolonga em mais de uma direção é pouco auspiciosa em alguns casos

extensão da unidade familiar. O divórcio, pessoas sem parentesco dividindo o mesmo cômodo, escritórios em casa e famílias constituídas por pessoas do mesmo sexo eram coisas muito raras. Em sua maioria, as famílias se constituíam de dois filhos adultos, e, em alguns casos, um pai ou parente mais idoso. Hoje, os espaços em que se vive deveriam ser sensíveis às diferentes necessidades de seus ocupantes.

É comum encontrar uma típica família americana envolvida em atividades separadas e não relacionadas com a família. No sábado, por exemplo, a mãe pode querer pôr em dia os papéis da firma de consultoria que tem em casa, o pai quer assistir a uma aula num curso de especialização, a filha adolescente quer praticar *rugby* e o filho de dez anos quer jogar *Nintendo*. Aplaudimos essa diversidade e as nossas casas devem ajudar a incrementar isso.

No exemplo anterior, uma sala que se prolongue da área principal da casa seria um lugar ideal para o escritório da mãe. Possibilitaria aconchego e solidão para a concentração necessária. Por outro lado, enquanto as áreas centrais para a vivência do grupo estiverem integradas numa forma estrutural unificada, a presença de um apêndice pode não ser negativo.

Situe as atividades secundárias para a vida da família nesse apêndice da casa. Os escritórios em casa, as oficinas e as partes alugadas a outros são atividades apropriadas para esse prolongamento. O que não é apropriado para essas áreas são as atividades infantis, a cozinha, os quartos e a sala de estar.

Se você tiver uma casa em forma de U num clima frio...

Nos climas mais quentes, quando a parte externa da casa freqüentemente é usada para atividades familiares, como jantar ou

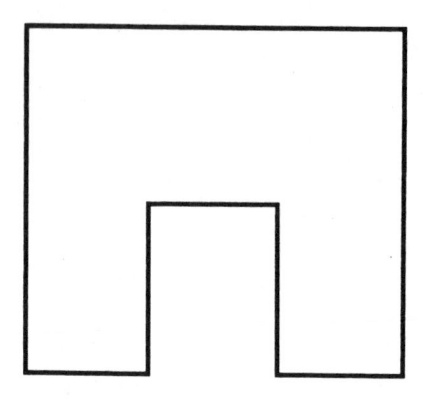

Uma casa em forma de U é prejudicial num clima frio

descansar, o espaço externo torna-se parte integral da unidade ativa. Mas num clima frio, a base do U será um simples corredor que divide a casa.

Use cores quentes, como o vermelho, o verde-claro, o púrpura e o amarelo, na parte da casa que liga as alas. Na maioria dos casos, essas cores farão com que os membros da família se reúnam.

Inunde de luz a parte interna do U à noite. Uma ligação visual com o outro lado diminui a impressão de divisão causada pela forma dessa casa nos climas mais frios.

Se os andares superiores de sua casa forem mais largos que os inferiores...

Como uma camada de *marshmallow* sendo sustentada por palitos de dentes, uma estrutura com andares superiores mais largos do que os inferiores é desequilibrada e precária. Essa forma não fornece a sustentação visual exigida para o sentimento de segurança.

Plante arbustos ou árvores ou instale luz em torno do perímetro do andar superior, emprestando, assim, vigor aos andares inferiores.

Se você vive numa casa com muitos andares e ângulos...

A distância, seja vertical ou horizontal, pode dividir. Estima-se que uma pessoa deva caminhar no máximo 500 metros para che-

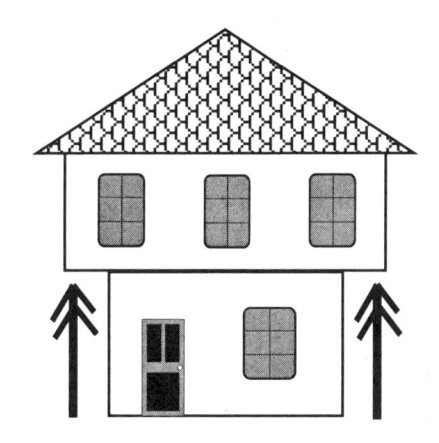

Solução para um andar superior que seja mais largo do que o inferior

gar a um parque nos arredores de sua casa. Qualquer parque mais longe será usado com menor freqüência.

Dentro de uma casa existem extensões corretas. Uma casa com mais de quatro andares pode parecer estranha e ter de andar mais de vinte metros para chegar a alguma parte da casa é bastante custoso.

Minha prima de San Diego morava numa casa moderna na encosta de uma montanha. Ainda hoje, ao tentar me lembrar da casa, não consigo chegar ao número de andares. A vida, para ela, era tão fragmentada quanto sua casa, e o casamento e o filho davam-lhe uma sensação de "distância", como a que havia entre os cômodos de sua casa. Ao conhecer seu segundo marido, eles logo se mudaram para uma casa térrea, o que fez com que seu casamento melhorasse e o contato com os filhos aumentasse.

Agrupe as salas importantes ao redor do coração da casa. Integre áreas afastadas com um tom de cor que as ligue, ou com um piso semelhante, ou com janelas. Há algo que conforta e une em esquemas decorativos que se repetem.

Se você morar numa casa com um lado três vezes maior do que o outro...

"Memória do lugar" é um termo normalmente usado para descrever o que contribui para o sentimento de conforto em vários espaços. Cada vez que entramos numa casa, sabemos aproximadamente onde tudo está localizado. Não fosse isso verdade, não saberíamos onde localizar um interruptor de luz ou onde encontrar a cozinha numa residência familiar.

As distâncias precisam ser definidas por meio de um sistema de avaliação em níveis. Descubra a medida entre o seu cotovelo e a ponta de seus dedos, por exemplo, para determinar a profundidade apropriada para um balcão. Mas o que é muito pequeno ou muito grande para uma casa ou sala é menos óbvio. Confie no seu instinto. Se sentir que algo é muito grande ou que o espaço está "carregado", concentre suas atividades principais num só local. As atividades que são menos importantes à vida do dia-a-dia devem ser deslocadas para os cômodos longe da parte central da casa.

Na antiga Roma foram estabelecidos certos padrões arquiteturais que permanecem claramente tão eficientes e verdadeiros hoje em dia quanto o eram então. Assim como as pessoas consideram a área de cerca de 500 metros da sua casa como sendo sua vizinhança imediata, há um comprimento e uma largura que, quando excedidos, tornam um espaço mais uma casa e menos um lar.

Qual o tamanho daquilo que é grande? Uma casa de seis metros por vinte provavelmente é muito comprida para a sua largura. Se você acha que a sua residência atual é muito comprida em uma direção, una-a com elementos decorativos que se repetem de espaço a espaço. Eles podem consistir em um tom de cor em todo o espaço, pequenos sinos ao vento pendurados em cada extremo da casa, de modo que o som seja ouvido pela casa toda, ou simplesmente um piso igual. Se você esbarrar com facilidade com velhos conhecidos, mesmo um auditório imenso pode parecer amigável.

17
Portas

Uma porta é como um lâmpada; quando aberta, ilumina toda a área. Basicamente, as portas representam uma rota de fuga e sua acessibilidade contribui para o nosso sentido de bem-estar.

As portas deveriam dar acesso às demais áreas da casa de modo a não criar uma disjunção com o uso da sala. Elas deveriam revelar, e não ocultar, o espaço de modo a nos sentirmos seguros ao entrar e sair. Pense nas celas das prisões: as barras não permitem ao ocupante nenhuma privacidade.

O tamanho de uma porta deve acompanhar o espírito do lugar. Não deve ser nem muito grande em relação ao espaço em que penetramos nem muito pequena. A sensação de "grande" ou "pequeno" não deriva de uma medida física, mas de uma experiência emocional. Isso é normal. Onde e como entramos não deve despertar ansiedade, mas transmitir uma energia positiva

Teste

Marque 2 se houver um caminho direto e ininterrupto de uma porta a outra.

Marque 1 se duas ou mais portas estiverem muito próximas.

Marque 1 se duas portas, de frente uma para a outra, estiverem ligeiramente fora de alinhamento.

Marque 1 para cada porta grande que abra para um espaço pequeno e para cada porta pequena que abra para um espaço grande.

Marque 2 para cada porta que, ao ser aberta, não encoste completamente na parede ao lado.

Marque 1 se a porta da frente tiver vidro transparente.

Marque 1 se a porta de entrada for maior ou menor em proporção à fachada da casa do que a boca é para o rosto.

Marque 1 se a maior parte da sala não puder ser vista ao se entrar.

O total de pontos negativos poderia ser 10. Naturalmente, resolver todos os problemas para você progredir seria o ideal. Se a soma dos seus pontos atingiu quase a metade do total acima, considere isso como uma advertência e cuide de fazer as mudanças o mais breve possível. Resolver os problemas com as portas é particularmente importante porque, ao entrar, é preciso integrar-se imediatamente na aura do lugar. Um encontro negativo no princípio pode alterar uma área que, caso contrário, seria positiva. O seu progresso depende diretamente das condições que o cercam!

Se a sua casa tem um caminho direto que leva de uma porta a outra...

Uma passagem direta e sem interrupção entre duas portas nos dá a tentação de atravessar a sala em que acabamos de entrar. Até mesmo a Alice de Lewis Carroll não poderia deixar de abrir a porta que levava ao País das Maravilhas logo que caiu no buraco ao seguir o coelho. Temos a inclinação de seguir um caminho, e se não nos distrairmos visualmente, provavelmente continuaremos nele até o fim. Bom para Alice, mas não para os membros da nossa família, os quais queremos estimular quanto a estar presentes mental e fisicamente no coração do lar. Com um caminho direto de uma porta a outra, nossa energia, ou chi, é atraída para aquilo que está além.

Arrume algo que chame a atenção, como um armário pequeno, uma mesa, um escabelo, uma planta, uma escultura ou um biombo que, de maneira sutil, faça com que a pessoa que entra se defronte com o lugar mais importante da sala. Se uma passagem divide a sala em partes de importância diferente, examine qual é a principal e dirija a energia para esse lado. Por exemplo, numa

Sua casa não deveria ter um caminho direto de uma porta a outra

Dirija a energia para o lado da casa em que você quer que as pessoas entrem

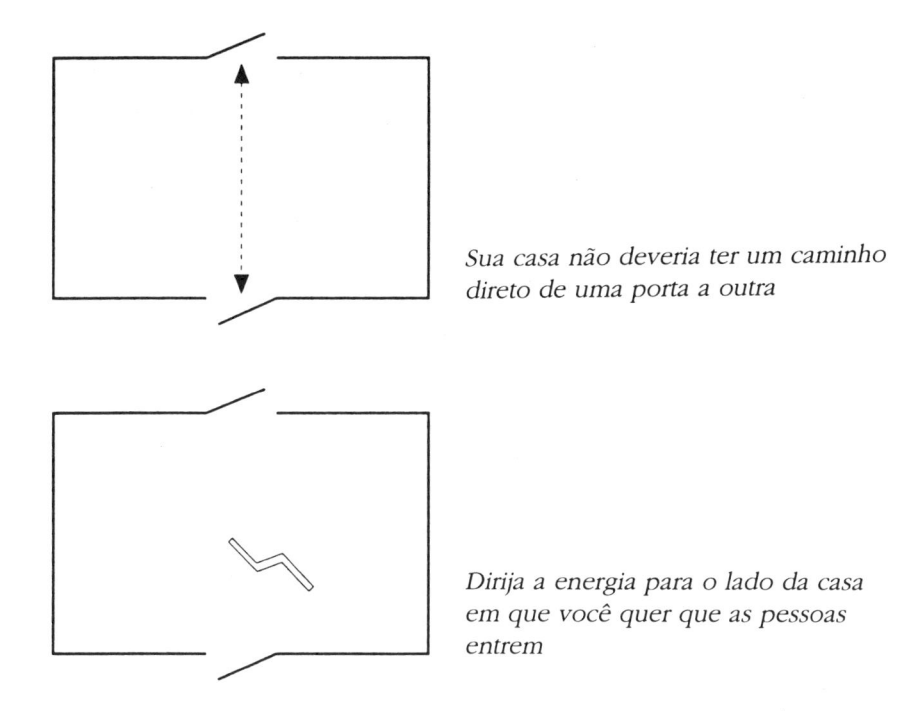

sala de estar ou de reunião é melhor dirigir os ocupantes para o lado da sala dedicado às reuniões.

Se a sua casa tem duas ou mais portas uma ao lado da outra...

Você já deparou com várias portas logo ao sair de um elevador? Eu entro em pânico em território desconhecido, especialmente quando não há nenhum sinal ou um tipo de símbolo que me tranqüilize.

Até mesmo quando se está familiarizado com o lugar e se conhece sem sombra de dúvida o que está atrás de cada porta, há sempre certo processo de seleção e rejeição no momento do confronto. A presença de muitas portas em uma área cria uma tensão que pode provocar a negatividade.

Se você tiver o privilégio de construir a sua própria casa, certifique-se de que as portas não se concentrem numa única área. No entanto, se a sorte determinar que, no espaço em que você vive ou trabalha, seja grande o número de portas próximas, eis o que você deve fazer.

Deparar com muitas portas nos faz sentir mal

Use lembretes para indicar o que há por trás dessas portas. Não estou sugerindo sinais como os dos toaletes públicos, mas algum símbolo apropriado, como um galho de uma especiaria para a porta da cozinha, o ídolo atualmente da preferência de seu filho para a porta do quarto dele, ou a foto de um bebê para o berçário. Até mesmo pintar as portas de cor diferente, cores que combinem de alguma forma com a função que desempenha o cômodo em questão, bastaria para possibilitar aos residentes da casa o acesso à memória.

Se você tiver portas que se defrontam e estão levemente fora da linha...

Assim como dirigir um carro com um dos pneus gasto acaba afetando a direção, as portas tortas podem contribuir com a sensação de desequilíbrio ou instabilidade emocional.

Crie simetria instalando um espelho para refletir o outro lado. Se não gostar de espelhos, crie um sentimento de profundidade colocando uma decoração apropriada transversalmente a cada porta.

Combinar a decoração das paredes serve para equilibrar a linha da visão e criar simetria para a alma.

Se uma porta grande ou uma arcada dão para uma área pequena...

Enquanto eu estava crescendo, o ritual de uma das noites da família era ouvir o homem de negócios — meu pai — sair-se com pérolas de sabedoria. Seu tema favorito era como manter a lealda-

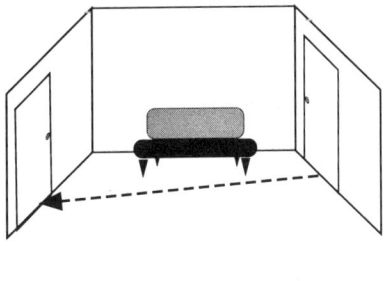

Portas em lados opostos que estão fora de linha são nefastas

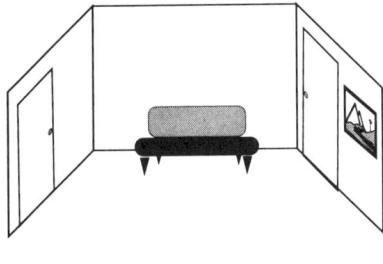

Use um quadro ou espelho para criar simetria

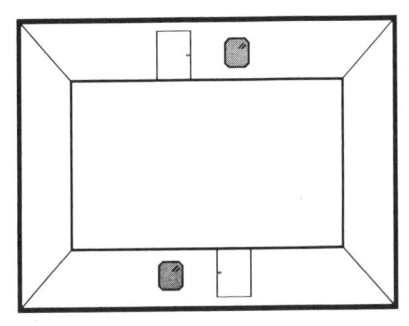

Combinar a decoração equilibra a linha da visão

de do cliente oferecendo-lhe um serviço melhor do que os fregueses esperavam.

"Meninas!", ele começava. "Quando prometerem entregar um produto em três semanas, entreguem-no numa quinzena! Façam mais do que prometem", ele dizia, "e nunca menos."

Assim, também, uma porta grande promete revelar uma área grande, mas desaponta quando a área é pequena. É muito melhor exceder as expectativas. O tamanho de uma porta deve combinar com o espírito do lugar.

Se uma porta for muito grande e o espaço pequeno, escolha móveis menores para dar à sala certa sensação de espaço. Pendure um quadro com uma cena ou uma paisagem que dêem a impressão de aumentar a profundidade da sala.

Se você tiver uma porta pequena ou um corredor que dê numa área grande...

O espírito de uma sala se expressa na sua entrada. Salas importantes, como as salas de estar, deveriam ter entradas importantes. Numa sala de reunião, uma porta pequena transmite a idéia de "Não entre aqui!" Portas que dão acesso a salas de reunião deveriam ser amplas o bastante para acomodar mais de uma pessoa.

Deixe mais bonita essa entrada, que só inspira timidez. Coloque uma escultura vistosa, luzes brilhantes nas soleiras ou um tapete junto ao limiar de entrada. Embelezar a entrada fará com que ela combine com o espaço grande em que se entrou.

Se a sua porta ao ser aberta não encosta na parede ao lado...

Os chineses acreditam que o espírito do mal está à espreita atrás das portas. Uma porta que se abre parcialmente constitui um tipo de advertência inconsciente, e devemos dar crédito ao que sentimos na boca do estômago.

Se não for possível fazer a porta abrir na direção contrária, pendure um espelho para refletir o espaço vazio atrás da porta.

Se você tiver vidro nas portas...

Embora seja benéfico poder ver quem pode estar à porta, não é uma boa idéia sermos vistos antes de termos consciência de quem nos vê. Precisamos nos sentir resguardados de toda sorte de intrusão. Poucos querem viver num aquário.

Por que as portas são projetadas com inserções de vidro liso? — é o que todos se perguntam. Na maioria das vezes, elas são acortinadas ou têm vidro opaco.

Se mudar a porta não for uma opção, impeça a visão da área de atividade interior com uma planta, um biombo ou com qualquer peça de mobília apropriada.

Se a sua casa tem uma porta de entrada maior em proporção à fachada da casa...

A porta serve para resguardar aspectos vitais da casa. Se for muito grande, ficamos expostos e vulneráveis.

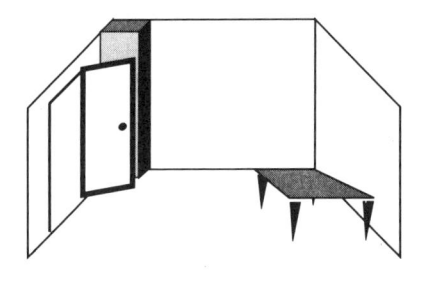

Uma porta que não abre completamente junto à parede é prejudicial

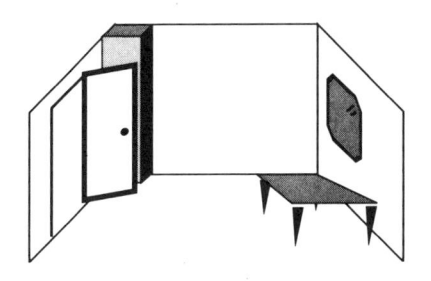

Um espelho que reflita o espaço vazio da parede de trás resolve essa situação

Se a porta da frente for maior em proporção à fachada da casa, coloque uma luz sobre o seu centro para dar a impressão de que ela é menor; o que os seus olhos captam parece pequeno porque à volta há sombra. Outra possibilidade é pintar a porta com uma cor suave, escura, diferente da cor do resto da casa, para que ela perca seu impacto, em vez de destacá-la do resto da fachada.

Se a porta da frente parece menor, em proporção à fachada da casa...

Uma casa com uma porta da frente minúscula dificulta o acesso, não nos faz sentir bem-vindos e nos deixa constrangidos quanto a entrar.

Confira mais importância a uma porta pequena. Coloque objetos grandes, como plantas ou esculturas, nos dois lados, pinte a área em volta da porta com a mesma cor da porta para fazê-la parecer maior, ou ponha luzes nos três lados para realçar a visão.

Se você não pode ver a maior parte de uma sala ao entrar...

Nós nos sentimos mais seguros quando somos capazes de delimitar um território. É comum a gente se sentir mais seguro e com mais controle da situação quando todo o espaço está à vista.

Em muitos casos, colocar um móvel em outro local pode aumentar a vista de uma sala. No entanto, se houver uma razão arquitetônica contrária a esse tipo de obstrução, coloque um espelho que reflita a parte da sala que fica fora do campo de visão de quem entra.

18
Escadas

As escadas, assim como a vida, têm seus altos e baixos. Subir ou descer pode ser uma metáfora do modo como atravessamos a nossa existência. As escadas nos levam para outras áreas da casa e, se forem mal construídas ou precárias, poderemos preferir não ir aonde elas querem nos levar.

A escada deve ser segura, convidativa, fácil de localizar e de transpor. Ao mesmo tempo que é uma separação entre as diferentes áreas, deve ser também um elo de ligação no traçado estrutural da casa. Porque subir uma escada é mais difícil do que se movimentar através de outras passagens, outros fatores atenuantes devem ser levados em conta ao construí-las

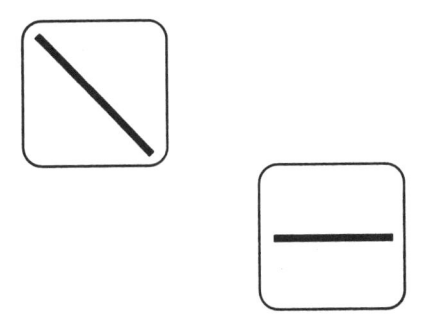

A linha diagonal de uma escada requer mais atenção do que as linhas horizontais, como o tampo da maioria dos móveis

Da próxima vez que você subir uma escada, veja se, ao fazer isso, está numa luta física ou se está agradavelmente distraído pela cena à sua volta.

As escadas são corredores verticais e suas dinâmicas linhas diagonais nos atraem para que subamos por elas. A localização de um poço da escada, nesse sentido, é importante, pois você não quer que uma escada o leve para longe do centro da sua casa. Uma escada diretamente alinhada a uma porta de entrada pode, em alguns casos, prejudicar a união da família, assim como uma escada que sobe, ou desce, imediatamente depois da entrada (ver o Capítulo 13).

Teste

Marque 2 para as escadas com degraus altos.

Marque 1 para as escadas com degraus vazados.

Marque 2 para a casa com uma escada principal em espiral.

Marque 2 para uma casa com mais de três escadas separadas, tendo cada uma mais de três degraus.

O total de pontos negativos poderia ser 7. Naturalmente, resolver todos os problemas seria o ideal para você progredir. Se a soma dos seus pontos atingiu quase a metade do total acima, considere isso como uma advertência e cuide de fazer as mudanças necessárias o mais breve possível. O seu progresso depende diretamente das condições que o cercam.

Se a sua casa tiver escadas com espelhos de degrau mais altos do que os normais...

Qualquer subida ou descida é uma experiência difícil, quando sua inclinação é por demais íngreme para ser transposta comodamente. Você pode pensar duas vezes antes de correr para cima, em busca de algo, quando a subida lhe parecer muito difícil. A vida numa casa com escadas de degraus mais altos do que o normal em geral pode parecer mais complicada.

Só uma mudança na estrutura pode alterar a escada, mas você pode ter à mão objetos como tesouras, bandagens e toalhas em

Degraus mais altos do que o normal

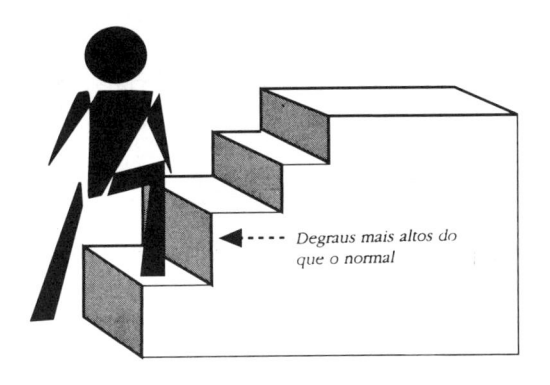

todos os andares, para não ter de subir e descer correndo as escadas com tanta freqüência. Colocar um objeto que balance com o vento, uma pintura audaciosa que cubra a parede ou um pôster grande num extremo da escada pode fazer com que o chi flua para o alto. Colocar pinturas na parede junto da escada pode ser uma "recompensa" para o esforço da subida.

Se os espaços entre os degraus da sua escada forem abertos...

Subir uma escada sem apoios para os pés, que podem entrar pela abertura entre os degraus é, na melhor das hipóteses, ligeiramente irritante e, na pior, perigoso. Além do mais, a escada faz a

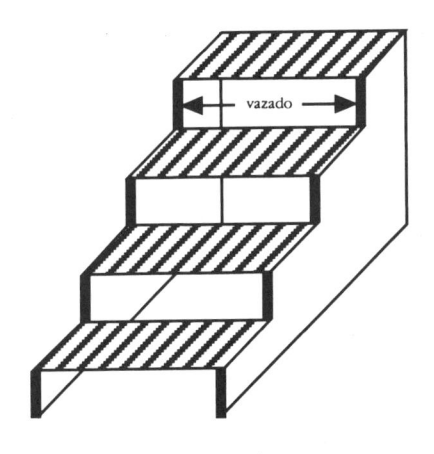

Pisos escorregadios ou degraus vazados não dão sorte

ligação de uma parte da casa para outra, e deve ser segura, convidativa e fácil de galgar.

Pendure objetos variados, como cestas de hera ou globos decorativos nas aberturas entre os degraus para prender o olhar, bem como para dar uma sensação de segurança.

Se você tiver uma escada em espiral...

Uma escada em espiral é mais difícil de galgar do que uma escada normal. Além do mais, o movimento sinuoso da espiral pode nos fazer sentir ligeiramente sem equilíbrio e, por conseguinte, inseguros.

Faça a ligação entre os diversos andares por meio da cor ou de outro expediente semelhante. Isso diminuirá a sensação de desorientação causada pelo movimento circular da subida. Por exemplo, a grade pode ser pintada na tonalidade da cor da sala de baixo e o carpete dos degraus pode ser o mesmo do andar de cima.

Certifique-se de que o corrimão esteja seguro e firme. Se for muito fino ou pouco consistente, acolchoe-o para que fique mais grosso.

Se a sua casa tiver mais de três escadas...

Originariamente, as casas eram construídas com mais de uma escada, de modo que as escadas reservadas aos membros da família não fossem usadas pelos empregados.

Casas com muitas escadas são chamadas de casas de *vários níveis*, o que, por certo, transmite o sentimento do que esse tipo de piso evoca! Não é de surpreender que a distância entre pais e filhos aumente numa residência que divide o espaço em muitas áreas, separando as pessoas umas das outras.

Para reverter o cisma na vida da família, deve ser estabelecido um tema central. Crie relações entre as cores, os padrões ou os objetos repetindo-os por toda a casa. Se você não for colecionador, use fotografias da família e ponha-as em molduras que permaneçam de pé em prateleiras, armários e mesas. Isso não apenas integrará os moradores da casa como também fortalecerá o sentimento familiar.

19
Tetos

A palavra teto [*ceiling*, em inglês] significa revestir ou cobrir o original. De acordo com essa definição, os tetos escondem a realidade.

Devemos aumentar do melhor modo possível o sentimento de amplidão evocado quando olhamos para cima. A visão desobstruída acima de nós ajuda a nos sentirmos livres. Por conseguinte, qualquer elemento que bloqueie ou iniba esse sentimento, como vigas baixas, desvia a nossa experiência costumeira.

Precisamos prestar atenção à posição das vigas expostas. Num nível inconsciente, sabemos que as vigas são o esqueleto da estrutura — os ossos de uma armação que sustenta a forma final. Se um osso estiver quebrado, somos prejudicados. Se as vigas se rompem, a casa pode desmoronar. As áreas de estar e de dormir ficarão melhor sem vigas diretamente suspensas sobre nós, especialmente nas regiões sujeitas à ocorrência de terremotos.

Teste

Marque 1 para todo teto que seja três vezes e meia a altura de uma pessoa num espaço usado para sentar-se ou descansar reclinado.

Marque 2 para qualquer teto que possa ser tocado quando se estiver de pé.

Marque 1 para cada teto inclinado que tenha uma altura de menos de dois metros.

Marque 2 se as vigas cobrirem mais do que um terço do total do espaço do teto e puderem ser tocadas quando se estiver de pé.

Marque 2 se uma viga estiver sobre uma área onde as pessoas se sentam ou dormem.

O total de pontos negativos poderia ser 8. Naturalmente, resolver todos os problemas seria o ideal para você progredir. Se a soma dos seus pontos atingiu quase a metade do total acima, considere isso como uma advertência e cuide de fazer as mudanças necessárias o mais breve possível. O seu progresso depende diretamente das condições que o cercam.

Se um teto sobre uma área de estar ou de descanso for três vezes e meia a altura de uma pessoa...

A altura sempre corresponde a possibilidades. Ficamos intimidados em lugares onde nos sentimos "pequenos". Quando criança, eu ficava de pé sobre uma cadeira quando tinha algo importante a dizer a meus pais. Ser igual em altura dava-me uma sensação de ser igual em poder. Eu achava que havia mais possibilidade de enviar a minha mensagem parecendo mais alta.

As igrejas, os prédios do Estado e outros prédios importantes freqüentemente têm salas cujos tetos chegam à estratosfera. Eles são projetados para despertar admiração e arrebatamento. Criados para diminuir a importância das pessoas, esses espaços ostentam a sua superioridade sobre os indivíduos. Bom para edifícios públicos, mas impróprio para o descanso de uma família.

Meu marido e eu gostamos de jantar *al fresco* num terraço coberto que cobre toda a parte externa da nossa sala de estar. Trata-se de um espaço menor, medindo apenas 1,90 por 2,50, mas com um teto a 5 metros de altura. Quando nos sentávamos à mesa sentíamo-nos como se estivéssemos sentados dentro de um cilindro. O teto era muito alto para dar uma sensação de intimidade. Minha cura para esse *feng shui* prejudicial foi pendurar um guarda-chuva aberto descendo do teto. Agora, sentimo-nos como se estivéssemos aninhados sob um dossel íntimo no nosso paraíso tropical.

Qualquer cura que rebaixasse o teto ou que desse peso visual à metade da área da sala funcionaria. Instale um ventilador de teto, pendure quadros no nível do olhar de quem está sentado ou pinte a metade inferior da sala com cores brilhantes.

Se o teto de sua casa for muito baixo...

Ao voltar de uma viagem ao Egito, um amigo de mais de um metro e oitenta de altura divertiu-se com as histórias sobre bater a cabeça ao excursionar pelas pirâmides. Mesmo que sua cabeça não se choque com o teto de uma sala, um teto baixo pode fazê-lo sentir-se aprisionado e claustrofóbico.

Dê ao ambiente leveza e iluminação para criar um sentimento de espaço numa sala com o teto baixo. Concentre a atenção na luz que vem das instalações elétricas ou das janelas. Qualquer coisa que ajude o olho a descansar sobre um objeto mais próximo do chão fará o teto parecer mais baixo. Ponha um vaso de cristal lapidado ou de metal brilhante, ou um objeto de arte chamativo sobre uma mesa baixa ou no chão. Espelhos ou superfícies de metal polido dispostos para refletir a pessoa ao entrar na sala podem desviar a atenção do teto baixo e fazê-lo parecer menos deprimente.

Se você puder escolher, a sala com um teto baixo deveria ser usada para as pessoas se sentarem, em vez de ser usada para as atividades com as pessoas em pé.

Se a sua casa tem teto inclinado, mais baixo de um lado do que a altura de alguém em pé...

Quando é deliberado, podemos usufruir os espaços baixos. Uma vez curei um teto inclinado sobre uma escrivaninha introduzindo uma tenda pendurada no teto para mudar a atmosfera de opressiva para festiva. O espaço embaixo propiciou certa sensação de segurança, muito parecida com o sentimento que tínhamos na infância ao rastejar debaixo das mesas para criar espaços aconchegantes para brincar.

No entanto, quando não é possível pôr um conjunto de estofados para sentar debaixo da parte mais baixa de um teto inclinado, coloque um armário ou mesa contra a parede baixa para ser forçado a não se aproximar da parte mais baixa.

Dar a forma de uma tenda a um teto inclinado o tornará festivo e seguro

Se você tem muitas vigas ou se tem vigas colocadas de maneira imprópria no teto...

Imagine-se caminhando junto a um rio localizado em um *canyon*. O dia está lindo e sem nuvens, e a fragrância das flores selvagens enche o ar. Enquanto você segue o vôo de um pássaro que canta, nota uma pedra saliente logo acima de você, na beira de uma parede do *canyon*. De repente, você fica com medo de que essa pedra possa vir abaixo. O sentimento de tranqüilidade se foi.

Embora a situação não seja tão dramática, as vigas acima de nós criam uma sensação inconsciente de perigo nas casas construídas em áreas geologicamente instáveis. Porque a China é uma terra com terremotos, as vigas são consideradas ameaçadoras.

Se você reside em áreas que não estão sujeitas a terremotos, é ainda mais importante considerar a quantidade de vigas e sua distância em relação ao chão. Quando as vigas se repetem com freqüência, como as barras da porta de uma prisão, elas se tornam negativas. Se estiverem colocadas sobre uma área onde nos sentamos, poderemos nos sentir ameaçados, como se estivéssemos andando com uma pedra no alto da parede de um *canyon*. Para viver bem, temos de nos livrar do medo, real ou implícito, do ambiente.

Coloque as áreas para se sentar ou dormir bem longe das vigas. Se isso não for possível, espelhe a parte de baixo da viga ou pendure nela um objeto que se movimente ao vento para agitar e dissolver o sentimento de opressão. Uma luz forte que ilumine a área destinada a se sentar é outro modo de reduzir o peso de uma viga suspensa sobre a sua cabeça. Como a luz comanda a atenção, você pode não notar a viga e não será afetado pela sua presença.

20
Janelas

As janelas são os seus olhos para o mundo. Nós vemos e somos vistos através delas. Do mesmo modo como o nosso ser é revelado pela expressão de nossos olhos, as janelas dão informações sobre os ocupantes da casa.

Passar por uma casa sem janelas, ou com todas as venezianas baixadas, produz uma intranqüilidade irritante. O que estarão escondendo? Sentimo-nos vulneráveis sabendo que não podemos ser vistos e que não seríamos ajudados em caso de necessidade.

A teórica social Jane Jacobs sugeriu que os lugares com falta de "olhos para a rua" serão, em última análise, lugares inseguros para se viver. Foram as avós sentadas nas suas cadeiras perto das janelas que ajudaram a manter a vizinhança da cidade em segurança. Quando as casas de arenito pardo foram substituídas pelos apartamentos altos, as ruas perderam a "patrulha das avós". Agora, dispostas muito acima do nível do chão, essas sentinelas perderam sua eficácia em virtude da distância visual e auditiva...

Quando estamos dentro, as janelas fazem a ligação com o mundo. Eu me sinto menos isolada ao me voltar para uma janela, enquanto trabalho no escritório de casa. Enquanto bato nas teclas do meu computador, o carro, o animal, as pessoas que passam ocasionalmente fazem com que eu não me sinta isolada da vida.

As janelas emolduram uma paisagem natural ou as obras construídas pelo homem. Uma janela pode oferecer ao ocupante de uma casa uma cena deslumbrante, seja uma paisagem natural ou uma imagem criada pela inspiração. Os jardins podem nos alimentar em nível profundo, ao passo que a energia das imagens no cinema pode nos motivar. As janelas são as lentes do caleidoscópio através das quais vemos essas maravilhas.

A direção apropriada da vista de uma janela depende da função do cômodo. Uma janela situada a oeste, perto da escrivaninha de um adolescente, impedirá que ele estude. O resplendor de um pôr-do-sol pode frustrar a concentração até mesmo do estudante mais aplicado.

Teste

Marque 1 se uma sala parece ter muitas janelas.

Marque 3 para qualquer sala sem janelas.

Marque 1 para cada sala que tenha mais de três janelas para cada porta.

Marque 2 para qualquer sala com uma janela que faça frente para a porta de entrada.

Marque 2 para qualquer janela que não se abra.

Marque 2 para cada sala em que a maioria das janelas fique de frente para o mais severo de todos os climas.

Marque 2 se uma casa não tiver nenhuma janela de frente para o nascer do sol.

Marque 1 para qualquer sala de trabalho com todos os assentos perto do lado ocidental.

Marque 1 para as janelas acima do nível da rua mais baixas do que a altura dos joelhos.

Marque 1 para cada janela posicionada sobre um toalete.

Marque 1 se não houver janelas no banheiro.

Marque 1 se a sala de jantar tiver muitas janelas numa única parede.

Marque 2 se não houver janelas na fachada da casa.

O total de pontos negativos poderia ser 20. Naturalmente, resolver todos os problemas seria o ideal para você progredir. Se a soma dos seus pontos atingiu quase a metade do total acima, considere isso como uma advertência e cuide de fazer as mudanças necessárias o mais breve possível. O seu progresso depende diretamente das condições que o cercam.

Se uma sala tiver muitas janelas...

A casa está para o ser humano assim como o casulo para a borboleta. Ela lhe fornece um espaço em que se alimentar e amadurecer. Quando Philip Johnson construiu sua casa toda de vidro, em Connecticut, em 1959, esperava dar início a uma tendência contemporânea. No entanto, sua idéia não atendia às necessidades humanas. Certa sensação de abrigo pode nos proteger de algo mais do que dos elementos. Os que moram numa casa toda de vidro sentem-se expostos de um modo que não leva à sensação da casa como santuário.

Certifique-se de que há pelo menos uma área numa sala que possibilita esse abrigo do exterior. As cortinas, naturalmente, são uma alternativa, embora não necessariamente a melhor. Ao proteger, elas também podem bloquear tanto a vista quanto a luz natural. Plantas estrategicamente dispostas, esculturas ou quaisquer outros objetos aceitáveis esteticamente entre uma janela e o interior de uma sala podem despertar certo sentimento de segurança.

Recentemente, aconselhei a uma família, em cuja casa a principal sala de reuniões tinha três paredes com janelas, a pendurar um espelho com 30 centímetros de largura do outro lado da porta de entrada. Ver a própria imagem ao entrar ajuda a reforçar certo sentido de espaço dentro da sala.

Se uma sala não tem nenhuma janela...

A falta de janelas priva-nos do estímulo sensório essencial para o nosso bem-estar. Os trabalhadores em ambientes sem janelas sofrem o estresse de não estar em sincronia com a cadência da luz do dia. A maior parte dos lugares de trabalho são iluminados de modo uniforme, não importa a estação ou hora do dia, apesar do fato de a luz artificial, invariável, não se harmonizar com o fluxo

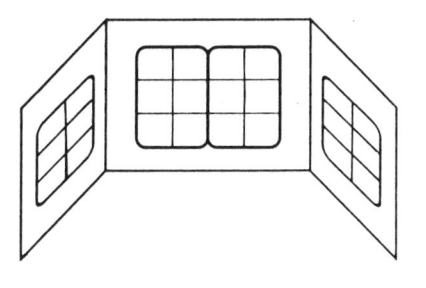

Prejudicial

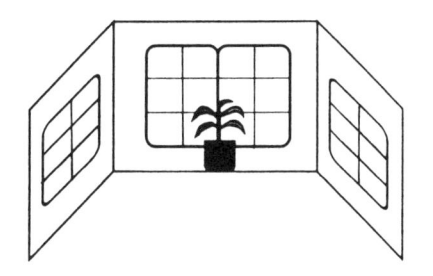

Cura

e refluxo do nosso ritmo interior. Nossas necessidades biológicas intrínsecas ficam eclipsadas por outras considerações quando nos separamos do exterior pela falta de janelas.

Se não for possível abrir janelas num determinado cômodo, possibilite às pessoas viver uma grande experiência como alternativa. Os prisioneiros freqüentemente se envolvem em atividades inesperadas, tais como levantar pesos ou estudar legislação para compensar a falta de ligação com o mundo exterior.

Na casa, instale uma luz fluorescente sobre uma planta, pendure uma foto ou um quadro grande com uma paisagem, ou ponha uma tigela com água borbulhante em qualquer área que não tenha janelas. Você pode querer tornar o ambiente ainda mais agradável pendurando um espelho bem em frente a esses objetos.

Se você tiver uma sala com mais de três janelas para cada porta...

O antigo *feng shui* adverte que as crianças serão desobedientes quando ocupam uma sala com mais de três janelas para cada porta.

Quando li essa regra pela primeira vez, cocei a cabeça e fiquei imaginando por que razão isso seria verdadeiro. Então, lembrei-me dos meus dias de escola primária, quando era admoestada pela minha professora por cochichar com os meus amigos. De repente, eu ficava entretida observando alguma coisa fora da sala de aula. Uma folha pairando no ar, um esquilo pulando ágil do outro lado do *playground* ou as letras na placa de um carro estacionado chamavam a minha atenção. As reprimendas da professora eram em vão.

Ah, pensei, essa regra do *feng shui* está nos dizendo que em alguns casos janelas demais podem nos distrair.

Nós gostamos de janelas! Atualmente, elas são menos caras e requerem uma energia mais eficaz para ser feitas do que na antiga China, de modo que ter menos janelas não é a solução para as nossas necessidades nem para a estética contemporânea.

Para extrair a essência dessa antiga regra, precisamos nos lembrar de que uma paisagem além da janela às vezes pode ser uma distração indesejável. Assim, para fazer com que haja menos possibilidade de que os filhos sejam desobedientes, lembre-se simplesmente de afastá-los das janelas quando eles tiverem algo para fazer. Afinal, o *feng shui* é a arte de trabalhar o espaço. Faça as crianças ficarem longe das janelas.

Se existir uma janela diretamente em frente da porta de entrada da sala...

Na maioria dos casos, é melhor concentrar nossa atenção no espaço em que estamos entrando. Uma janela em frente da porta pode nos distrair, afastando-nos do centro da sala. O principal espaço de uma atividade — a escrivaninha, o conjunto de estofados num escritório ou a cama num quarto — devem chamar a nossa atenção para não nos distrairmos com outras coisas.

Uma cortina transparente ondulando ao vento em frente de uma janela aberta nos estimulará a nos concentrarmos no ambiente, como o fará qualquer objeto colocado no espaço do chão entre a janela e a entrada. Quanto mais esse objeto nos chamar a atenção, mais servirá a esse propósito. Um aquário com peixes ou uma fonte interna de água borbulhante é agradável aos olhos e aos ouvidos, um difusor com um odor apropriado estimula os sentidos da visão e do olfato.

Se a sua casa tem janelas que não se abrem...

A expressão *prédios doentes* tornou-se sinônimo das estruturas que têm janelas que não se abrem. Sem uma fonte de ar fresco, as bactérias, o mofo e o ar poluído circulam e compartilham de tudo.

Além dos óbvios riscos de saúde, os estados emocionais negativos ocorrem pela falta de ar puro. Sentimo-nos presos e cansados ao nos separar do Tao da vida. O cérebro necessita de oxigênio para funcionar bem, e pensamos mal quando somos obrigados a respirar ar poluído.

"Respirou aliviado" é a expressão usada quando queremos indicar que alguém conseguiu sair de uma situação difícil. Certifique-se de que o seu ambiente pessoal evoca a mesma reação.

Se o ar puro não pode penetrar numa estrutura, tente as seguintes alternativas.

- Instale um fonte interna cujas águas possam produzir íons negativos para encher a atmosfera desvitalizada. Coloque essa fonte perto das áreas usadas com mais freqüência.
- Coloque um ventilador pequeno debaixo das folhas de uma planta que esteja sobre a sua escrivaninha, para simular as folhas que farfalham com a brisa.
- Se não houver oportunidade de fazer as mudanças físicas, tente uma fita com o ruído de um riacho borbulhante, de pássaros cantando ou de outros sons naturais.

Seja criativo. Ter diante dos olhos belas imagens, ouvir sons, sentir aromas ou o movimento natural com certeza elevará o seu espírito.

Se você tiver muitas janelas onde os ventos costumam soprar com força...

As janelas onde os ventos costumam soprar com força expõem o interior de nossas casas a extremos. No nordeste dos Estados Unidos, uma janela voltada para o norte expõe-nos ao frio gelado de um dia de inverno, enquanto nos Estados do sul, uma exposição para o oeste pode aumentar o calor ao fim de um dia de verão. Como precisamos usar a energia para melhorar condições adversas, dissipamos a nossa energia se ficarmos perto de janelas que não nos protegem das inclemências do tempo.

Procure fazer com que as partes da casa onde as pessoas costumam ficar ou trabalhar não sejam justamente nos cômodos em cujas janelas há correntes de ar muito fortes. Se não for possível fazer isso, proteja de alguma forma as janelas. Ponha cortinas feitas com tecido isolante ou pendure um tapete ou um tecido pesado na parede para se proteger do frio ou do calor.

Se a sua casa não tem janelas voltadas para o sol nascente...

Ter uma casa batida pela luz da manhã é a garantia de termos um bom dia pela frente. A luz do sol gera otimismo. Por mais simples que possa parecer, sentimo-nos otimistas ao avistar o sol logo pela manhã.

Uma casa que não tenha janelas suficientes voltadas para o sol nascente deveria ser iluminada com luz artificial e elementos associados à luz do sol. Cuide para que essa luz não seja monótona. Fora, a luz é mosqueada porque brilha através da vegetação ou dos prédios ou é pontilhada pela sua passagem por trás das nuvens. Ficar exposto a uma luz implacável durante muito tempo pode ser uma experiência negativa. Fugimos da luz fluorescente acima de nós em parte por causa de sua distribuição uniforme e insistente. Lâmpadas espelhadas por todo o espaço podem contrabalançar a pressão da iluminação uniforme do teto.

Se a sua casa tem muitas janelas voltadas para o pôr-do-sol em salas onde as atividades que se desenrolam à tarde exigem concentração...

Quando criança, fiquei doente. O médico de nossa família aconselhou minha mãe a tomar minha temperatura às 4 horas da tarde, para ver se eu estava melhorando. Mesmo que minha temperatura estivesse normal durante o resto do dia, ela se elevaria no final da tarde, se eu não estivesse completamente restabelecida.

O sol que morre à tarde produz tensão na nossa psique. Enquanto o sol desliza em direção ao horizonte, precisamos revitalizar nossas energias para o resto das horas que passaremos acordados.

Não enfrente o sol forte quando estiver empenhado em uma

atividade que exija concentração. Se não houver possibilidade de trabalhar longe de uma janela voltada para o oeste, faça algo para diminuir a claridade ofuscante em seus olhos. Uma planta, um biombo, um objeto de vidro esfumaçado, ou qualquer objeto, pode diminuir o clarão do sol em seus olhos.

Se houver janelas nos andares superiores instaladas numa altura mais baixa do que a dos joelhos...

Uma janela instalada junto ao chão pode fazer com que você se sinta mal. Ficar de pé perto de uma janela que tem o parapeito abaixo do nível de seus joelhos pode dar uma sensação de insegurança, especialmente se a janela estiver num andar superior.

Janelas ou portas de vidro que correm e se abrem para uma cobertura ou terraço não criam esse problema porque elas se abrem para uma plataforma que certamente bloquearia alguma queda. Sem o benefício de um terraço, uma parede sólida até a altura dos joelhos dá um sentido de segurança.

Coloque um objeto sólido no chão na frente de uma janela baixa. Isso distanciará a pessoa, tanto física quanto emocionalmente, da janela baixa. As plantas são ideais porque, enquanto dão segurança visual, estão dispostas num lugar perfeito para vicejar. Um tufo verde, uma mesa ou uma pequena cadeira também pode fornecer a segurança necessária.

Se a janela do seu banheiro for grande e estiver atrás ou na frente do toalete...

A menos que a privacidade seja assegurada pela vegetação ou pela distância, se você puder olhar para fora, os outros poderão olhar para dentro. Precisamos nos sentir completamente à vontade no espaço reservado à nossa total intimidade.

Minha irmã morava em Nova York num edifício de antes da II Guerra Mundial. Diretamente atrás do toalete existia uma janela gigantesca. Para remediar esse *feng shui* negativo, trocamos o vidro transparente por um opaco. Outras opções incluiriam pendurar uma peça emoldurada de vidro pintado na frente da janela, colocar cortinas ou separá-la com plantas ou outros objetos de decoração.

Se você não tiver nenhuma janela no banheiro...

Embora uma vista para fora não seja absolutamente essencial num banheiro, a circulação de ar puro é.

Se não houver nenhuma janela ou entrada de ar com o objetivo de purificar a qualidade do ar, coloque uma planta de aroma agradável dentro dessa sala. Isso renova a qualidade do ar e fornece um perfume natural.

Se o tamanho da sala permitir, instale uma pequena fonte de água recirculante e pingue algumas gotas de essência natural na água para tornar o ambiente mais agradável. Ou mantenha uma vela e uma caixa de fósforos atrás do aparelho sanitário. O ocupante pode usar essa opção para acabar com todo mal-estar causado por não ter sido possível cuidar satisfatoriamente da qualidade do ar.

Se houver muitas janelas numa sala de jantar...

Quando li pela primeira vez que o *feng shui* chinês aconselhava precaução com salas de jantar com muitas janelas, fiquei pensando por que nessa sala e não nas outras. Então, percebi que as janelas devem servir para fornecer uma vista agradável, que exija alguma atenção. É de esperar que elas emoldurem o mundo exterior na sua melhor forma.

Uma sala de jantar fornece mais do que uma mesa na qual possamos nos alimentar. Ela é um lugar de encontro para recebermos o alimento emocional e espiritual. Quer estejamos sozinhos ou não, muitas janelas numa sala de jantar podem ser uma distração quanto a receber esse benefício.

Coloque os que vão jantar de modo que não fiquem de frente para as janelas, ou pendure uma cortina que possibilite que a luz se infiltre sem permitir uma visão clara do lado de fora. Às vezes, uma divisória portátil pode impedir a visão de algo que nos distraia e pode ser retirada quando não estiver em uso.

Se não houver janelas na frente da casa...

Desde que moro na Flórida, costumo usar óculos de sol enquanto estou fora. Com freqüência, ao entrar num edifício, esqueço-me de tirá-los. Quando estou com meu marido, no

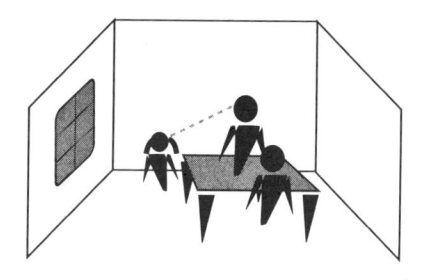

Disponha os que você quer que prestem atenção em você de modo a não ficarem de frente para as janelas

entanto, ele logo me lembra. Ele acha que os olhos são a chave efetiva da comunicação e não devem ficar escondidos.

A fachada de uma casa é como um rosto, e as janelas são como os olhos. Sem janelas, a casa parece oculta, solitária, destacada e não amistosa. Um edifício sem janelas de frente como que diz: "Não quero vê-lo e não quero que você me veja."

Antes de instalar janelas novas, disponha objetos que comuniquem a sua personalidade à vizinhança. Uma casa com um alimentador para pássaros, uma biruta, uma bacia para o banho dos pássaros no gramado e alimentadores pendurados nas árvores expressa algo sobre seus ocupantes. Uma caixa postal em forma de livro poderia indicar a casa de um escritor ou de um leitor ávido. Exteriorize um pouco suas tendências se a sua casa não tiver janelas na fachada.

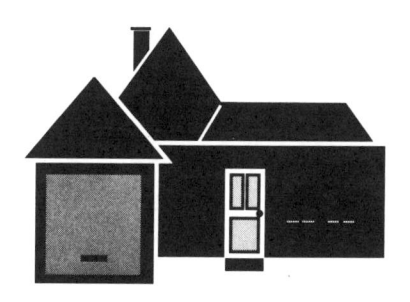

Uma casa sem janelas na frente é hostil

As soluções

Os diferentes cômodos

21
Salas de estar

A sala de estar é o epicentro da casa. Seja para uma conversa informal, para ver tevê, jogar, ler ou só para ficar ali, um espaço onde se reunir pode melhorar ou prejudicar as atividades.

Embora você possa ter vários cômodos que sirvam como salas de estar, eles poderiam ser diferenciados, facilitando as diferentes atividades. Podemos conversar em uma sala de estar, ver tevê em outra e jogar pingue-pongue numa terceira. É fundamental definir qual será o principal uso de uma sala antes de se decidir por um tipo de iluminação ou de acessórios. Salas com dupla finalidade geralmente têm o mesmo destino que os casacos *double face*. Acabamos usando mais um lado do que o outro. Na melhor das hipóteses, é difícil servir a dois senhores.

Cresci numa casa com uma "sala de estar" que, para mim e para minha irmã, ficava fora dos nossos limites. Passávamos por ela rapidamente, torcendo para não derramar nossos refrigerantes no tapete *bom* da minha mãe. Sentíamo-nos como intrusas num palco de teatro. Atravessávamos essa sala para alcançar a "toca" da família, um alpendre reformado que tinha 2,5 metros de largura e 5,5 metros de comprimento. Os sofás da toca, por necessidade, estavam postos junto de uma das paredes. E lá nos sentávamos, como patos enfileirados. Não é de estranhar que não falássemos uns com os outros naquele lugar.

Para ver tevê éramos forçados a pôr os sofás de frente para a tela, em vez de colocá-los de frente para outros grupos. Num lugar projetado para facilitar a conversa os assentos devem estar voltados uns para os outros. O modo como uma família trabalha em conjunto depende, em parte, do modo como esses espaços interiores são projetados. Uma família que espera que a ordem dos lugares dos assentos beneficie tanto o ato de ver tevê quanto uma conversa ficará muito desapontada. Os membros da família têm de decidir qual é a atividade mais importante e arrumar o espaço de acordo com essa decisão.

Quantas vezes você ocupou o que seria o melhor lugar para alguém e percebe que está competindo com a tevê? Recentemente, eu estava visitando uma casa na qual a tevê ficou ligada o tempo todo em que lá estive, embora ninguém a estivesse assistindo. É difícil ter uma conversa séria ao som de risos enlatados ecoando no ar.

Se você tem esperança de ter uma família que goste de passar o tempo reunida, empenhada em atividades produtivas, crie um espaço que estimule as atividades que promovem a aproximação entre as pessoas. Reunir é congregar, e a sala deve estimular essa interação.

Teste

Marque 2 se não houver nenhuma passagem, sem ser a porta principal, que leve a um espaço de reunião.

Marque 2 se a arrumação não ajuda na principal atividade a se desenvolver na sala.

Marque 1 se o espaço de reunião não estiver visualmente ligado ao exterior, seja através de janelas ou de uma ampla vista da janela de outras salas.

Marque 1 se o acesso a outras partes da casa estiver escondido da visão ou se nele não for possível ouvir nenhum barulho.

Marque 2 se a tevê for o ponto central da sala de estar que costuma ser usada.

Marque 2 se a principal cadeira estiver fora do campo de visão da entrada principal.

O total de pontos negativos poderia ser 10. Naturalmente, resolver todos os problemas seria o ideal para você progredir. Se a soma dos seus pontos atingiu quase a metade do total acima, considere isso como uma advertência e cuide de fazer as mudanças necessárias o mais breve possível. O seu progresso depende diretamente das condições que o cercam.

Se não existir nenhuma passagem da porta principal para um espaço de reunião...

Pediu-me um construtor com larga experiência para avaliar os planos de seus arquitetos antes de começar a construir. Ele queria assegurar-se de que suas casas estavam em harmonia com os melhores princípios do *feng shui*. Depois de estudar as cópias heliográficas, resolvi que o pior defeito do projeto estava na falta de uma passagem bem iluminada e definida que levasse do vestíbulo de entrada à sala de estar.

A entrada era um corredor longo e estreito, bloqueado da visão das outras salas por uma parede no final. Era preciso virar no final do corredor, para se entrar na sala seguinte, a de jantar. Só depois de virar mais noventa graus é que se via a sala de estar, a distância. Nesse momento, você já se sentia como se estivesse sendo conduzido por uma rua desconhecida à procura do número de uma casa.

A solução era simples. Ajustando a forma da parede no final do corredor e instalando três luzes para iluminar a passagem para a sala de estar, criamos um caminho mais amplo, fácil de ver e bem iluminado, que o levava para o centro da casa.

Uma linha de luzes ajuda a definir a passagem para uma sala de estar, mas há muitas outras possibilidades — cor, enfeites de parede, soalho e plantas também podem ser usados para orientar o olhar. Aonde o olho levar, o corpo seguirá.

Se você tiver uma entrada de tamanho modesto, precisa instalar luzes que sirvam de orientação e que sejam convidativas. Dispor móveis, cor e elementos repetidos que levem em direção ao centro da casa pode criar uma passagem visual para o centro do espaço. Considere o modo como o soalho, a iluminação, a altura da decoração de parede e a cor das paredes ampliam o caminho visual até o centro da casa.

Se a sala não estiver arrumada de modo a ajudar na atividade principal...

Uma sala arrumada para duas atividades diferentes torna difícil o compromisso com uma delas.

Na maioria dos casos, as salas têm um uso principal. Se o uso

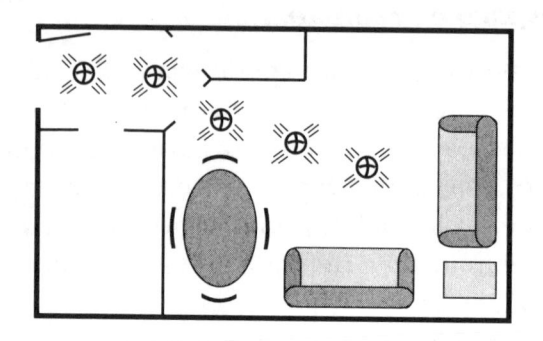

Crie uma passagem para a sala de estar usando luzes

secundário de uma área (como um espaço de trabalho em um quarto ou um cantinho da sala de jantar que às vezes serve de escritório) for a principal visão que se tem da entrada da sala ou estiver diretamente no raio de visão da área principal para se sentar da sala, a função positiva da sala pode ser prejudicada. Quem quer ser lembrado de contas e de dívidas durante o jantar? Que pesadelos podem resultar se a nossa escrivaninha é a última visão que temos antes de adormecer? Não ponha as atividades secundárias em posições dominantes. Esconda-as da visão da entrada ou da área principal.

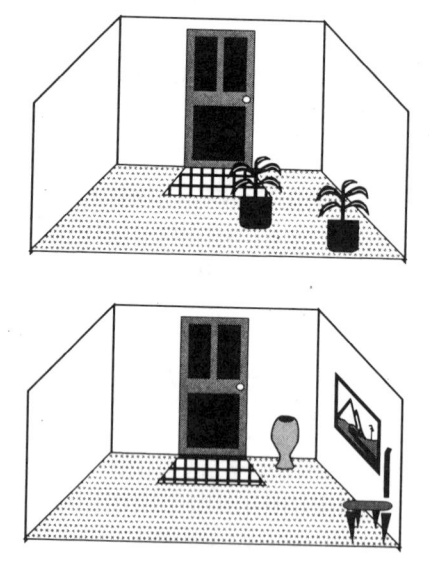

Soluções para criar uma passagem visual até o centro de um espaço

Se a sua sala de estar não estiver visualmente ligada com o exterior...

Assim como nossas experiências vão além dos limites de uma casa, os acontecimentos do mundo entram em nossa casa para mudar nossa vida. Quando não temos livre acesso ao exterior, ficamos muito agitados. Seja de um modo físico ou visual, ninguém gosta de que lhe neguem o acesso às suas escolhas.

Colocar um espelho para refletir a visão de uma janela distante pode ser um modo de remediar essa situação. Quando não é possível ter acesso a uma vista, represente uma cena por meio de gravuras, artefatos, vegetação ou fontes para sugerir o mundo exterior, real ou imaginado.

Se a sua sala de estar não estiver numa posição central...

Uma sala de estar é o centro dos vários cômodos de uma casa e, desse modo, deve estar ligada de alguma forma a todas elas. Todos os membros da família precisam de uma sintonia emocional para manter a relação com a vida primordial da família. Nossa vida fora do ambiente familiar às vezes consome a nossa estamina, e voltar para um ninho que novamente atenda aos anseios de cada pessoa é imperativo para a saúde da família. Uma sala de estar central pode ser como o olho de um furacão; a calma dentro do vórtice do redemoinho.

Um ventilador girando, um rádio tocando suavemente uma música ou uma fonte borbulhante podem ser o estímulo para atrair os membros da família para essa sala, se ela não for a central. Um objeto que se movimente ao vento e produza um som agradável perto de uma janela aberta ou ar saindo do aquecedor podem levar os membros da família a se reunirem.

Se uma tevê for o centro da atenção numa sala de estar...

Eu fico estupefata ao descobrir que muitas famílias têm uma tevê no lugar central que deveria servir como foro para a troca de idéias ou para que as pessoas participassem de atividades comuns. Se não houver nenhum outro lugar para se pôr a tevê, coloque um divã ou cadeira com rodas na frente do aparelho se for preciso completar a arrumação para se conversar. Afaste-o para o lado, quando necessário. Ponha o aparelho de tevê num armário, jogue sobre ele um pano decorativo ou imagine algo singular — qualquer coisa, mas cubra a tevê. Nosso pensamento não costuma se ocupar de coisas que não vemos.

Se o principal conjunto de cadeiras estiver voltado para longe da entrada da sala principal...

O instinto que faz com que fiquemos encostados à parede e de frente para a entrada teve origem na época das cavernas, quando essa posição possibilitava às pessoas a oportunidade de reagir depressa à visita de surpresa de um predador, e, em muitos casos, significava a diferença entre a vida e a morte. Embora hoje não seja essencial para a nossa sobrevivência, isso faz parte da memória de nossa espécie, e nos sentimos mais relaxados quando podemos ver as pessoas que entram na sala.

Vizinhos meus colocaram o sofá da sala de estar longe da entrada porque a visão exterior oferecida pela porta da cozinha é espetacular. Ainda assim, eles sentem uma pontinha de inquietação ao olhar para a distância, longe da janela e da porta da frente da casa, e me pediram sugestões.

Um espelho para refletir a porta e a janela da frente seria uma

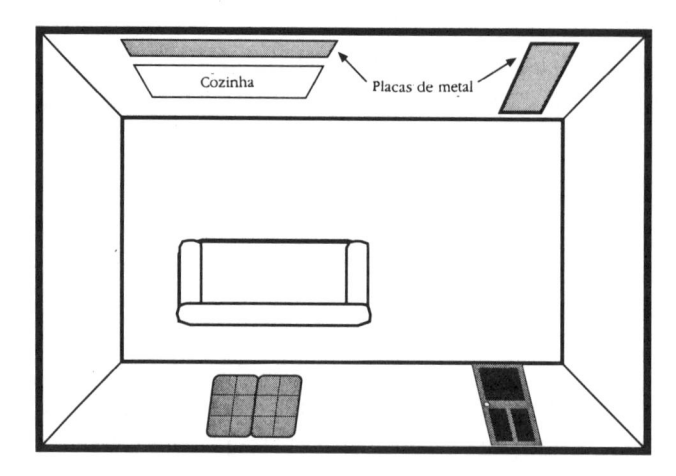

Use superfícies espelhadas, tais como placas de metal ou espelhos, para fornecer uma visão da entrada principal da sala

solução fácil. No entanto, como não gostam de espelhos, sugeri placas grossas de metal polido, que pareceriam um detalhe arquitetônico e também refletiriam a superfície. Colocamos uma na extremidade de uma parede, para refletir a porta da frente, e outra sobre a passagem para a cozinha, dando a impressão de que se tratava de mais um item da decoração.

22
Salas de jantar

Ao ficar de pé em frente a uma travessa de batatas fritas com molho no balcão de um bar, devorar um sanduíche comprado num restaurante de fast-food ou tomar um lanche sem sair do automóvel, os americanos geralmente não fazem com que as refeições sirvam como momentos de encontro. No entanto, não transformar o jantar numa experiência agradável pode diminuir o prazer em nossa vida.

No meu tempo de menina, as famílias geralmente faziam as refeições juntas. Os membros da família se sentavam para um "bom" café da manhã, antes de todos irem cuidar das atividades do dia. As crianças voltavam para casa, para o almoço, e o jantar só acontecia quando os pais voltavam do trabalho.

Quando me tornei mãe, as coisas eram diferentes. Pai e mãe trabalhavam fora e o horário diferente das refeições fizeram com que o café da manhã e jantares ficassem em segundo plano, pois os negócios requeriam a nossa atenção. O almoço era feito na escola e a hora do jantar variava.

As idéias do *feng shui* mantêm a união da família, e o jantar é uma atividade fundamental. No melhor dos mundos possíveis, deveríamos jantar com as pessoas que amamos, em um lugar fechado, junto da área em que a comida é preparada, mas numa sala à parte. O centro da sala é a mesa, e outros objetos não deveriam desviar dela a atenção.

Teste

Marque 1 para cada cadeira em torno da mesa de jantar que não esteja de costas para uma parede.

Marque 1 se houver uma passagem atrás de uma fileira de assentos na sala de jantar.

Marque 2 se puder olhar para fora através de muitas janelas ou tiver a visão de outras salas enquanto estiver sentado à mesa de jantar.

Marque 1 se um espelho da sala de jantar refletir outra sala, o lado de fora da casa ou os comensais.

Marque 1 se houver mais de duas cadeiras sobrando, além das cadeiras para o número de pessoas que normalmente fazem as refeições juntas.

Marque 2 se a mesa da sua sala de jantar for tão grande a ponto de dificultar a comunicação com os outros comensais.

Marque 2 se você faz as refeições numa sala mais desorganizada do que arrumada.

Marque 1 se não houver nenhuma luz sobre a mesa.

O total de pontos negativos poderia ser 11. Naturalmente, resolver todos os problemas seria o ideal para você progredir. Se a soma dos seus pontos atingiu quase a metade do total acima, considere isso como uma advertência e cuide de fazer as mudanças necessárias o mais breve possível. O seu progresso depende diretamente das condições que o cercam.

Se a sua mesa de jantar não estiver cercada por paredes...

Minha gata salta assustada ao ser surpreendida quando está comendo. Os instintos básicos mandam que temos de proteger nosso banquete dos predadores. Mesmo sem predadores, nossos sentidos ficam mais aguçados enquanto comemos. Não sentir que existe uma parede atrás de nós nos deixa inseguros.

Se as salas de jantar e de estar forem contíguas, coloque um biombo, uma planta, uma escultura, uma estante de livros ou um objeto que balance ao vento para substituir uma parede. Pontos de luz no teto em direção ao chão também podem fazer as vezes dessa parede. Instalar lâmpadas coloridas dará um ar festivo à linha divisória entre a sala de jantar e o outro espaço.

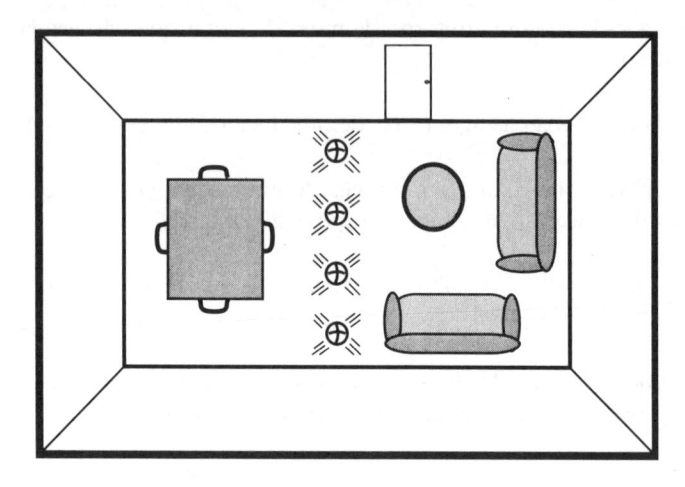

Use luz para criar uma parede que separe as salas de estar e de jantar

Se você tiver uma passagem atrás da fileira de cadeiras...

Você pode providenciar um sinal de aviso para as pessoas que estiverem sentadas com as costas voltadas para uma passagem alterando o soalho da passagem ou instalando um objeto que se movimente ao vento e vibre, toque ou farfalhe à passagem de alguém.

As passagens acarpetadas normalmente são silenciosas ao passo que um soalho não acarpetado, quando as pessoas que passarem estiverem usando sapatos, fará barulho suficiente para alertar os que estiverem com as costas voltadas para a passagem. Se você não quiser mudar nem acrescentar soalho, um objeto que se movimente e faça algum ruído quando for pisado pode ser a solução. Eu sugeri a compra de um pequeno tapete de tela pintada para pôr sobre o carpete, porque, ao ser pisado, produzirá um som diferente e suficientemente alto para ser ouvido.

Mesmo se houver só uma parede com janelas numa sala de jantar, certifique-se de que as pessoas mais sujeitas a distrações fiquem com as costas voltadas para as janelas. Os adolescentes são os candidatos ideais para esses lugares.

Para fazer com que os comensais não se distraiam ao olhar para as outras salas, tente adotar as medidas sugeridas para a sala de estar contígua e para a sala de jantar.

Se você tiver uma sala de jantar com vistas que distraiam os comensais...

Como a mão que diz adeus, o movimento, a luz brilhante, a cor intensa e as formas dinâmicas atraem a atenção. É mais freqüente que uma cena exterior contenha a agitação da natureza, uma abundância de cores e formas, bem como a intensidade da luz do dia ou o brilho fraco da luz do entardecer. Como você pode estar cercado por janelas e não se distrair?

A hora das refeições é a hora ideal para tirar proveito não só do alimento como da conversa. Reduza ao máximo as distrações. Faça com que a atenção se volte para um lugar longe das janelas. Um objeto que esteja em algum centro pode ser um ímã para a atenção, assim como a luz elétrica ou a de velas no centro da mesa. Pôr um tecido fino nas janelas permitirá a você encobrir as distrações exteriores, deixando que a luz entre no ambiente.

Se você tiver espelhos pendurados numa sala de jantar que reflitam outra sala, o exterior ou os comensais à mesa...

Ver o exterior ou outras salas através do espelho é motivo de distração, quase como se você os estivesse vendo diretamente. Tente as soluções arroladas acima para os dois problemas precedentes ou simplesmente substitua os espelhos.

Quando os espelhos refletem os comensais, substitua os espelhos por outros objetos de decoração. Como muitos adolescentes, eu era muito acanhada. Quando tínhamos visita para o jantar, eu ficava extremamente preocupada com a minha aparência. Constantemente me espichava de modo furtivo para me olhar na superfície brilhante de uma faca a fim de ver como eu estava. Embora às vezes não possamos acabar com todas as distrações, como os talheres, deve-se manter, numa sala de jantar, um mínimo de superfícies espelhadas que chamem a nossa atenção.

Se houver mais de duas cadeiras sobrando, além do número de pessoas que normalmente fazem as refeições juntas...

Mantenha por perto cadeiras extras para os visitantes ocasionais, porém não mais de duas junto à mesa. Cadeiras vazias em volta da mesa da sala de jantar, assim como camas vazias, podem fazer com que nos lembremos dos que estão ausentes. Quando um espaço é apropriado, nós o sentiremos tão confortavelmente quanto as roupas que nos caem bem — nem muito apertadas nem muito soltas.

Se uma mesa for muito grande e não houver outra de tamanho menor disponível, tente usar a outra metade da mesa como um local de exposição. Arranje fotos, objetos ou outros acessórios de decoração mudando assim a aparência de uma mesa vazia para a de um interessante local de exposição.

Se você faz as suas refeições em uma mesa cujas formas impedem a comunicação com os outros que também estão ali sentados...

Minha maneira prática de proceder nos jantares festivos é não convidar um número maior de pessoas do que aquele com quem eu possa conversar à mesa adequadamente. Com raríssimas exceções, como ficar à vontade no Dia de Ação de Graças, acho que é desnecessário entreter as pessoas com quem pessoalmente eu não posso me comunicar.

Longos retângulos são bons para as canchas de boliche, mas não para as mesas de jantar. A intimidade é estimulada quando sentimos a vibração das pessoas que estão na mesa conosco. Sentir o riso, o contato direto dos olhos e estar próximo do ouvido dos outros são fatores de união. As grandes famílias deveriam jantar em mesas redondas. As grandes reuniões deveriam ser organizadas em mais mesas; é mais íntimo.

Quem fica na cabeceira da mesa, nos grandes acontecimentos, ganha o prêmio de simplório. Essas longas mesas retangulares em que os comensais se sentam como patos numa fileira acarretam experiências desagradáveis.

Se você não puder comprar uma mesa nova, pense em mudar a forma da mesa colocando um círculo de madeira compensada sobre a mesa que você tem. Embora você não seja capaz de falar adequadamente com todas as pessoas sentadas à uma mesa grande e redonda, pelo menos é capaz de estabelecer um contato suficiente pelo olhar, transmitindo um sentimento de união.

Se você tiver uma sala de jantar desorganizada...

Assim como é melhor comer devagar, dando ao corpo tempo para digerir a comida de modo apropriado, também é melhor arrefecer o estímulo de uma sala. Crie uma atmosfera calma e de tranqüilidade que não distraia do bom aproveitamento do alimento ou da conversa. Mude toda mobília irrelevante, objeto de arte e acessórios para uma sala em que o estímulo seja necessário.

Se você não tiver uma luz direta sobre a mesa...

Se você não lê se não tem uma luz adequada, por que comeria sem uma luz iluminando sua mesa de jantar? A luz é um modo de dar ênfase a uma área importante. Sem a iluminação sobre o que é principal podemos perder a concentração.

Se não houver na sala um lustre, coloque um ponto de luz em uma parede próxima ou disponha uma lâmpada no chão para dar claridade à mesa.

23

Cozinhas

Muito embora tenham-se passado décadas desde que morei com meus pais, a primeira coisa que faço ao visitá-los é conferir a geladeira. Em um nível profundo, nossa relação com a comida é tão rudimentar que a sua associação com a vida precisa de pouca substância. A cozinha é um lugar para alimentar a alma, o corpo e o espírito. Deveria inspirar respeito.

Produzir um bom *feng shui*, yin e yang ou equilíbrio é algo pelo qual deveríamos nos esforçar. Embora comer seja essencial à vida e a cozinha seja o caminho para tanto, a comida é apenas um dos ingredientes importantes da vida. Precisamos integrar o lugar em que se criam os ingredientes do nosso sustento sem dar demasiada importância ao seu aspecto.

Teste

Marque 1 se a geladeira estiver perto do fogão.

Marque 2 se a pia estiver na frente de uma janela voltada para o oeste.

Marque 2 se a cozinha for vista da entrada da casa.

Marque 1 se o fogão e a pia estiverem muito próximos ou muito distantes.

Marque 2 se não puder ver a porta da cozinha da área mais usada para o preparo da comida.

Marque 1 se a geladeira estiver bem na frente da entrada.

Marque 2 se a cozinha for muito grande, ou muito pequena, para o número de pessoas que normalmente fazem a comida.

Marque 1 se os utensílios de cozinha não estiverem localizados convenientemente.

Marque 1 se a cozinha não tiver janelas.

O total de pontos negativos poderia ser 13. Naturalmente, resolver todos os problemas seria o ideal para você progredir. Se a soma dos seus pontos atingiu quase a metade do total acima, considere isso como uma advertência e cuide de fazer as mudanças necessárias o mais breve possível. O seu progresso depende diretamente das condições que o cercam.

Se a sua geladeira fica perto do fogão...

Como deixar cair um cubo de gelo no chá escaldante, o calor, próximo ao frio, faz com que a essência de cada ingrediente diminua. Do mesmo modo, uma geladeira e um fogão exigem mais energia para manter independentes suas funções se estiverem muito próximos. Quando é preciso muito esforço para obter o indispensável, a qualidade de vida diminui.

A melhor solução para essa situação é colocar a geladeira longe do fogão. Se isso não for possível, coloque uma substância isolante entre as superfícies adjacentes.

As geladeiras usam o elemento água para refrigerar e o fogão usa o fogo; portanto, coloque entre eles o elemento complementar: a madeira. Uma bandeja ou até mesmo um pedaço de papelão pode fornecer um abafador simbólico. Até mesmo um pedaço de madeira, de acordo com Angel Thompson, um praticante do *feng shui* da Costa Oeste, será suficiente.

Se a sua pia estiver em frente de uma janela voltada para o oeste...

Preparar uma refeição com os raios do sol poente batendo no seu rosto é como gostar de olhar para um eclipse. Ambos causam danos potenciais. A tarefa diária de preparar uma refeição para o fim da tarde deveria ser realizada num ambiente sem luzes ofuscantes.

Diminua o brilho dos raios do sol poente colocando plantas ou alguns objetos para filtrar o brilho direto do sol.

Se a sua cozinha ficar perto da entrada da casa...

Visão, olfato e proximidade do alimento são chamarizes que não se podem ignorar. Às vezes, quando me sento para comer, não estou particularmente com fome, até que a comida é servida. Então, fico faminta. Somos influenciados pelo que vemos, e se a cozinha ficar perto da entrada da casa podemos comer mais do que precisamos.

Coloque um objeto vistoso à entrada da cozinha para desviar a atenção para outro lugar. Manter a porta da cozinha fechada e as luzes apagadas pode, do mesmo modo, diminuir a vontade de entrar.

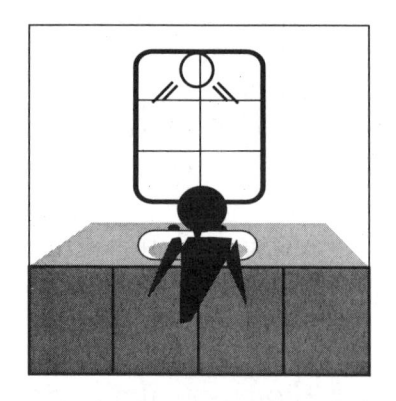

Neutralize o brilho do sol poente colocando plantas ou outros objetos em frente à janela

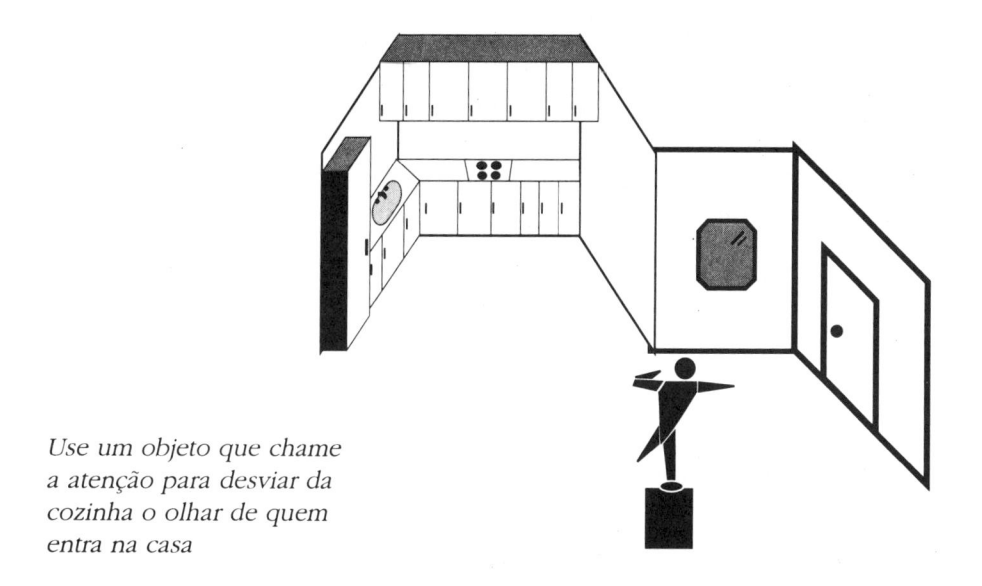

Use um objeto que chame a atenção para desviar da cozinha o olhar de quem entra na casa

Se você tiver de dar muitos ou poucos passos entre o fogão e a pia...

Enquanto o fogão e a pia precisam ficar separados porque o fogo e a água não devem ficar perto um do outro, precisamos mantê-los próximos o suficiente para fazer a comida facilmente. Carregar uma panela com água fervente por mais de alguns passos pode ser incômodo e, em alguns casos, perigoso.

Se o espaço entre o fogão e a pia parece muito grande, ponha um pequeno balcão ou uma mesa auxiliar entre os dois. Se o espaço do soalho for muito pequeno e o do balcão muito grande, mantenha uma trempe entre o fogão e a pia. Servirá como ponto de apoio sobre o qual depositar as panelas cheias.

Se você for incapaz de ver a entrada da cozinha ao trabalhar no fogão...

Para preparar comidas que alimentem, precisamos "mergulhar de cabeça" na sua preparação. Um bom nível de concentração é necessário para realizar essa tarefa com sucesso. Mesmo Julia Child, que dá a impressão de estar prestando pouca atenção à tarefa por fazer, está disfarçando sua grande concentração.

Sentir-se vulnerável ou como se pudesse ser surpreendido prejudica nossa concentração. Não ver a porta que dá para a sala na qual estamos desenvolvendo atividades que exigem atenção é prejudicial à boa realização.

Coloque um espelho para refletir a entrada da cozinha enquanto trabalha no fogão. Aqueles espelhos convexos projetados para a entrada de carros, normalmente vendidos em lojas de ferragens, são ideais. Se os espelhos não forem do seu gosto, instale na entrada um objeto que produza som, para alertá-lo quando alguém entrar.

Se a geladeira estiver bem em frente à porta de entrada da cozinha...

Os varejistas sabem como é eficaz exibir suas mercadorias, e têm uma infinidade de coisas para os consumidores escolherem, enquanto estes esperam na fila do caixa. O que vemos em geral é o que queremos. Se você entrar numa sala de reunião e vir um aparelho de televisão, você provavelmente o ligará. Se entrar numa cozinha e vir uma geladeira, poderá comer mais.

Coloque entre a geladeira e a entrada uma mesa com muitos objetos que chamem a atenção, tais como revistas, quebra-cabeças ou jogos. Qualquer objeto que for colocado na linha de visão entre a entrada da cozinha e a geladeira pode servir como distração momentânea para fazer com que a atenção dos que entram se desvie da comida.

Ou esconda a superfície brilhante da geladeira. A luz refletida por essa superfície atrai o olhar. Usar velcro para fixar um pedaço de tecido sobre a superfície da porta é um modo simples de cobrir uma geladeira brilhante e chamativa.

Se você tiver uma cozinha que não é nem muito pequena nem muito grande para as pessoas que geralmente a usam...

No livro de Edward T. Hall sobre as distâncias culturais, *The Hidden Dimension*, vê-se a fotografia de duas mulheres tentando cozinhar juntas numa exígua cozinha de navio. Elas por certo não conseguem passar uma pela outra sem se esbarrarem. A cozinha parece cômica em relação às pessoas que a estão usando.

Por outro lado, uma pessoa trabalhando sozinha numa cozinha do tamanho do Palácio de Buckingham evoca outra estranha imagem. Deve haver um equilíbrio entre o tamanho da cozinha e o número de pessoas que a usam.

Se a cozinha for muito pequena, organize uma área auxiliar para realizar determinadas tarefas. A mesa de jantar pode servir como um lugar para se preparar saladas. Ponha os pratos e a louça em armários acessíveis à mesa de jantar e longe de onde passa o cozinheiro. Seja inventivo. Uma arca com gavetas no corredor, perto da porta da cozinha, pode ser o lugar perfeito para guardar pratos. Caçarolas e panelas penduradas sobre o fogão ou na parede podem eliminar a necessidade de abrir os armários quando mais de uma pessoa estiverem trabalhando num lugar apertado.

Num espaço muito grande, ao trabalhar sozinho, reúna os utensílios mais usados para não ter de ficar zanzando por toda a cozinha. Uma planta grande, um vaso de cerâmica, música e um ventilador de teto girando podem diminuir a sensação de vazio.

Se você tiver uma cozinha mal-organizada...

Talvez para Julia Child procurar durante cinco minutos uma frigideira não a impeça de realizar os milagres culinários, mas a maioria de nós desperdiça energia em virtude dessa inconveniência.

Ter de procurar pelas gavetas e armários desorganizados para achar o utensílio necessário é enlouquecedor. Antes de organizar meus temperos numa bandeja rotativa, eu tinha de procurá-los por uma sucessão de vidros.

Organize a parafernália da cozinha para ter melhor acesso a ela. Certifique-se de que os ganchos estão ao seu alcance. Se o espaço do armário suportar, pendure as caçarolas e panelas mais usadas para facilitar seu trabalho. Facilite sua vida e se surpreenda assobiando enquanto trabalha.

Se você tive uma cozinha sem vista exterior...

Embora a cozinha de um restaurante possa funcionar melhor sem distrações, cozinhar em casa merece elogios pelo sentimento de união. Uma cozinha sem janela priva o cozinheiro de uma ligação com o ar fresco e a luz do sol. Enquanto precisamos de concentração para a tarefa que estamos executando, a sensação de isolamento pode ser resolvida pela visão do exterior.

Se a sua for uma cozinha sem janelas, mantenha a porta de entrada para a cozinha aberta e coloque uma planta, um aquário ou qualquer tipo de água corrente do lado de fora. As plantas nos unem com o mundo exterior. A visão da água em movimento contribui com um suave chi para o lugar, enquanto o som da água faz com que a sensação de isolamento diminua.

Se nenhuma dessas soluções for possível, use a cor verde na cozinha. O verde nos liga subconscientemente com a natureza.

24
Banheiros

Poucos espaços interiores são projetados para serem usados exclusivamente por uma pessoa de cada vez; só no caso do banheiro há o forte tabu quanto a entrar sem permissão. Porque são projetados para funções particulares e lá nos sentimos indefesos, os banheiros deveriam ser separados dos outros cômodos, a fim de assegurar o sentimento de reclusão. Isso funciona de dois modos: até mesmo ouvir o som da descarga do toalete ou da água escoando na pia de um banheiro pode provocar sentimentos desagradáveis nos que estão do lado de fora. É melhor, então, que os sons dos banheiros não possam ser ouvidos nos principais cômodos da casa.

A expressão contemporânea "levou um banho" implica, às vezes, uma perda financeira. Na China antiga, a água era o símbolo do dinheiro, e um banheiro que ficasse perto de uma porta da frente significava que havia a possibilidade de perda. Quer acreditemos ou não que água e dinheiro sejam sinônimos, é melhor ter um banheiro fora das salas de uso comum. Ao construir uma casa, coloque os *closets*, corredores ou escadas entre um banheiro e os quartos, a cozinha ou a sala de estar.

Teste

Marque 1 se o banheiro estiver perto da porta de entrada.

Marque 1 se o banheiro estiver diretamente do outro lado de uma sala de estar.

Marque 1 se as diversas funções do banheiro não estiverem separadas quando o banheiro for compartilhado.

Marque 2 se o toalete estiver diretamente em frente à entrada do banheiro.

Marque 1 para cada porta de banheiro que abrir para fora.

Marque 1 para cada banheiro que tenha uma parede comum com a cozinha, a sala de estar ou o quarto.

O total de pontos negativos poderia ser 7. Naturalmente, resolver todos os problemas seria o ideal para você progredir. Se a soma dos seus pontos atingiu quase a metade do total acima, considere isso como uma advertência e cuide de fazer as mudanças necessárias o mais breve possível. O seu progresso depende diretamente das condições que o cercam.

Se você tiver um banheiro perto da entrada da casa...

Meu marido e eu freqüentemente viajamos nas férias. Inevitavelmente, temos de fazer uma parada forçada para "fazer xixi". Se não podemos encontrar na estrada um lugar de descanso adequado, procuramos um restaurante. Achar um lugar que tenha um banheiro perto de uma porta de entrada nos faz sentir menos culpados por usar o banheiro sem consumir nada no restaurante. Enquanto nas instalações públicas freqüentemente se colocam os banheiros perto da porta, para desencorajar as pessoas a entrar nas áreas ocupadas, nas casas não existe essa necessidade.

As primeiras impressões são duplicadas em algum nível cada

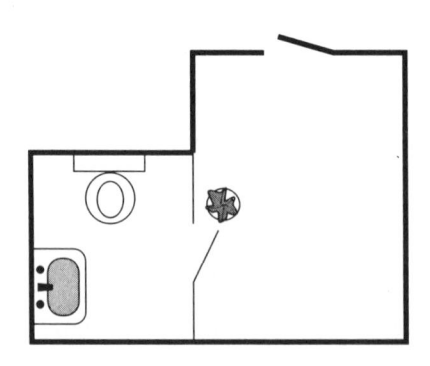

Bloqueie a visão que se pode ter do banheiro ao entrar na casa com uma planta ou biombo estrategicamente colocados

vez que entramos em um espaço, e dar de cara com um banheiro geralmente não desperta os sentimentos mais elevados e melhores.

Crie uma sensação de separação entre um banheiro e a entrada. Se o espaço permitir, coloque uma planta, um biombo ou uma escultura como divisória em frente à porta. Se não houver lugar suficiente, pendure um espelho na porta do banheiro para ajudar a disfarçá-lo.

Pinte a parte interna da porta do banheiro com uma cor mais escura do que a do vestíbulo. Uma cor escura na porta do banheiro fará com que o interior do banheiro "recue". A fragrância de menta ou pinho pode dar uma sensação de afastamento. Uma fechadura segura e visível e um depósito extra de papel higiênico escondido sob a pia aumentam a sensação de privacidade.

Se o banheiro der para a sala principal...

No meu livro, *Designing Your Happiness*, conto a história de um jantar do Dia de Ação de Graças nas vizinhanças, numa casa que tinha só um banheiro localizado em frente ao lugar da festa. Uma convidada estava tão mortificada por ter de passar no meio de todos os convidados para ir ao banheiro que abandonou a festa e foi até sua casa, só para usar o banheiro.

Um banheiro deveria ser separado, ter seus sons abafados e ficar longe dos espaços comuns. Temos a tendência de nos sentirmos constrangidos em usar um banheiro quando sabemos que há pessoas sentadas do outro lado da porta. Parece ser uma prática bem comum dos restaurantes separar as salas de repouso que se abrem diretamente para o lugar onde estão as mesas. Por que então tantos arquitetos colocam os banheiros dando diretamente para as áreas de estar e de dormir?

Como é improvável que você vá mudar a localização do seu banheiro e em alguns casos não pode mudar o lugar da cama ou da cadeira, separar a área do toalete é a melhor alternativa. Se o banheiro for muito pequeno ou configurado de modo a não poder acrescentar nada internamente, então ponha um móvel alto encostado à parede da sala adjacente, ou pendure um quadro grande, um pôster, um tecido acolchoado ou qualquer tipo de cobertura que dê um tratamento acústico à parede.

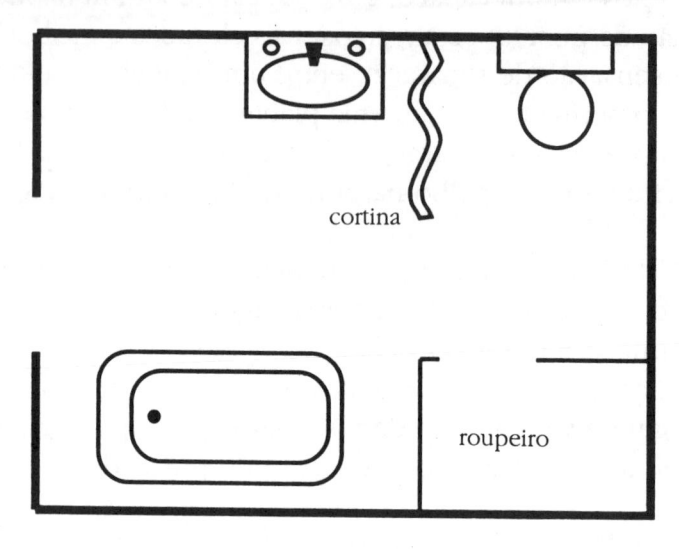

Divida o banheiro para separar suas funções

Se o banheiro não está dividido de modo a separar o toalete das outras áreas...

Mesmo nos banheiros pequenos você pode criar uma sensação de diferença de funções. Colocar uma planta, um biombo ou uma cortina para separar o toalete das outras áreas pode dar uma sensação de privacidade.

Recentemente, notei que os arquitetos estão começando a separar as diversas partes do banheiro. Considero essa tendência positiva, mas lembre-se de que qualquer aplicação do *feng shui* tem de estar em harmonia com a cultura e as preferências pessoais. Em muitas casas, os casais partilham o mesmo banheiro e precisam usá-lo ao mesmo tempo. Embora isso não seja o ideal, essa é a realidade para muitos e precisamos saber lidar com ela. Numa solução ideal, o toalete ficará separado numa sala com sua própria porta; a alternativa é providenciar um tipo de barreira visual. Para os que acham que as funções do banheiro não precisam de mais privacidade do que o ato de assistir tevê, não há por que se preocupar.

Se a porta do seu banheiro abrir para o toalete...

Frontal e no centro é a posição perfeita para um assento real, mas não para um trono no banheiro. O vaso sanitário deve ser posto atrás da porta, da parede ou do armário. Se não for possível mudar o lugar do vaso e o espaço for muito pequeno para pôr uma cortina, a melhor alternativa é colocar as cadeiras na sala adjacente de modo a não ser possível ver a porta do banheiro. Se isso também não for possível, pelo menos providencie um fecho, ferrolho ou qualquer trinco visível para a porta do banheiro. Ver uma fechadura, em vez de confiar num mecanismo de fechadura escondido, dá ao ocupante uma sensação maior de segurança.

Se a porta do seu banheiro se abrir...

Quando uma porta se abre para fora, o interior do cômodo fica completamente visível. O banheiro não é uma sala cujos interiores queremos expor.

Se a porta não pode ser trocada, coloque uma cortina na parte interna do batente da porta para garantir a privacidade. Se você não gostar de cortinas na decoração e a sala for suficientemente grande, coloque uma planta para bloquear o visão do interior.

Se o seu banheiro tem uma parede comum com a cozinha, um quarto, a sala de jantar ou a sala de estar...

Vi casas com um quarto principal separado de um banheiro por uma parede que não chega ao teto. Normalmente, as paredes têm dois metros e meio de altura, mas o teto dos dois cômodos é

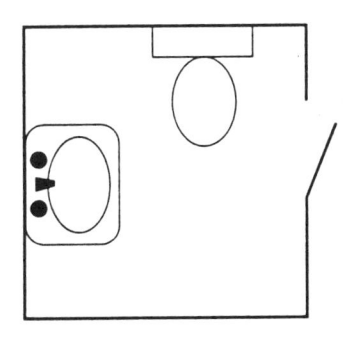

Uma porta que se abra para fora revela um cômodo que deveria ser sempre privativo

comum, de modo que o ar do ambiente é o mesmo nos dois ambientes. A magia de um casamento pode se dissipar quando o ar do quarto se mistura com o do banheiro.

Se o banheiro tem uma parede comum com um quarto ou uma sala, providencie uma divisória entre essas duas áreas, encostando um armário ou uma estante na parede comum a esses ambientes. Se a sua mobília não se prestar a isso, pendure um quadro ou um espelho para criar uma barreira que separe esses dois cômodos. Nós nos sentimos mais seguros quando temos paredes sólidas à nossa volta.

25
Quartos

O quarto é um santuário para abrigar nossos sonhos e pensamentos mais secretos, bem como um lugar fechado que dá ao nosso corpo a oportunidade de rejuvenescer. Honrando esse espaço, estamos honrando nossa condição única.

A principal função do quarto é fornecer um ancoradouro para o relaxamento e para o sono. No nível mais profundo, precisamos nos sentir protegidos de surpresas indesejáveis, quer se trate de uma criança esperneando para nos acordar ou de um ladrão assustador no meio da noite. Precisamos ver tudo isso penetrando o nosso espaço pelo menos no mesmo instante em que somos vistos.

Um quarto deveria ser privativo. Por vezes um armário separa o quarto de outros cômodos; a luminária que usamos para ler pode nos proporcionar certa sensação de solidão, mesmo quando esse espaço é partilhado.

Um quarto também deveria nos proporcionar o tempo de transição necessário entre o sonho e a realidade. Ver uma escrivaninha abarrotada de papéis ou mesmo o nosso reflexo num espelho logo que despertamos pode nos dar a sensação abrupta de passar do sono à vigília.

Teste

Marque 1 para cada cama em linha direta com a porta de entrada.

Marque 2 se a porta de entrada está atrás de você ou fora do campo visual enquanto você está na cama.

Marque 1 se um espelho estiver diretamente no seu campo de visão quando você acorda.

Marque 1 se a porta aberta tira a cama do campo de visão.

Marque 1 se a cabeceira e um dos lados da cama de casal ocupada por duas pessoas estão encostados na parede.

Marque 2 se é capaz de ver do quarto as instalações sanitárias quando a porta do banheiro está aberta.

Marque 1 se a sua cama está encostada na parede comum ao banheiro.

Marque 2 se a área de serviço é visível quando você está entrando no quarto ou quando está deitado na cama.

Marque 1 se uma parte maior da sua cama está defronte da janela.

Marque 2 se não há uma parede por trás da cabeceira da cama.

Marque 1 se você dorme debaixo de uma grande viga.

Marque 2 se o quarto está afastado do *foyer* de entrada da casa.

O total de pontos negativos poderia ser 17. Naturalmente, resolver todos os problemas seria o ideal para você progredir. Se a soma dos seus pontos atingiu quase a metade do total acima, considere isso como uma advertência e cuide de fazer as mudanças necessárias o mais breve possível. O seu progresso depende diretamente das condições que o cercam.

Se a sua cama está alinhada com a porta de entrada...

Quando a cama fica bem em frente da porta, ficamos mais vulneráveis porque somos vistos facilmente pelos que entram. Ter a cama mais para o lado da porta nos dá mais tempo para reagir a quem quer que entre.

Se não há nenhum outro lugar para a cama exceto encostada na parede e em linha direta com a porta, coloque, por exemplo, um "carrilhão" do lado de fora ou na porta do quarto, para que ele produza algum ruído que possa ser ouvido quando alguém se aproximar.

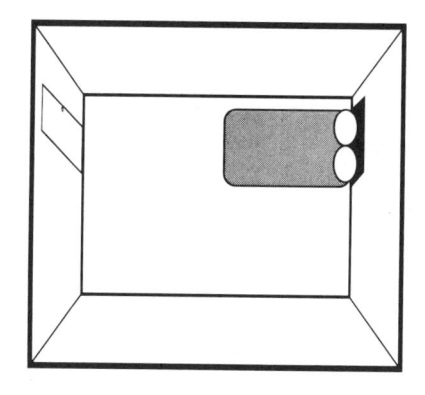

A cama bem em frente à porta nos dá a sensação de que estamos expostos demais

Se você não puder ver a entrada do quarto, enquanto estiver na cama, sem ter de voltar a cabeça mais de trinta graus...

Para revigorar nossos processos físicos e mentais, precisamos ser capazes de relaxar completamente. Lendo, descansando ou dormindo, não ver a porta no quarto pode constituir a diferença entre se sentir completamente relaxado e se sentir ligeiramente impaciente.

Na maioria dos casos, afastar a cama para assegurar a visão da entrada é quanto basta. Se isso não for possível, coloque um espelho do outro lado da cama para refletir a porta. Esteja certo de que o espelho não está em linha reta com a cama. (Ver a cura seguinte para mais pormenores.)

Se o espelho estiver colocado de tal modo que você se veja enquanto estiver sentado na cama ou tão logo se levante...

O momento de transição do sono à vigília é delicado. Nossos movimentos ao acordar deveriam ligar-nos paulatinamente ao ambiente que nos cerca, talvez pela visão do rosto da pessoa amada, de sons naturais ou da visão de um objeto que nos é caro.

Um espelho em que você se veja logo ao acordar não é uma boa idéia, porque a maioria de nós é muito crítica quanto à sua própria imagem. Minha aparência pela manhã inclui cabelos despenteados e faces manchadas em função da maquiagem do dia

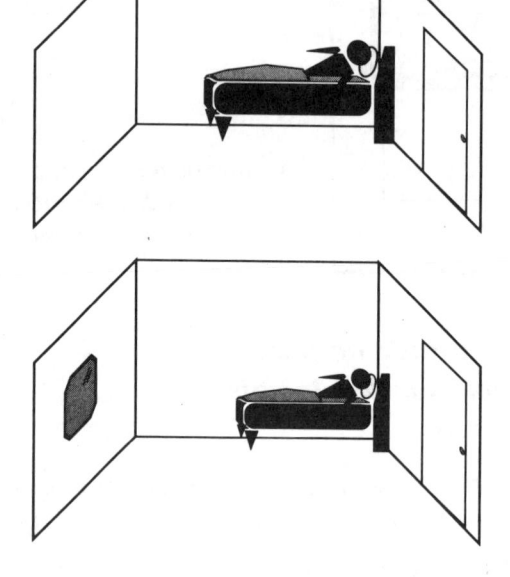

A cama colocada num lugar onde é difícil ver a porta nos faz sentir inseguros

Resolva o problema dependurando um espelho que reflita a porta do quarto

anterior. Só depois que realizei meus rituais no banheiro e reparei os agravos da noite é que me aventuro a dar uma olhadinha em mim mesma.

Troque o espelho por um quadro, por um pôster ou por uma tapeçaria, a fim de que não se veja a si mesmo logo ao acordar pela manhã.

Se a sua cama fica escondida quando a porta se abre...

Quando a porta oculta a visão da cama, a pessoa que entra no quarto está, por assim dizer, protegida. A princípio, é você que poderia se sentir protegido por não ser visto numa situação comprometedora, mas — lembre-se — se os outros não podem vê-lo, você não pode ver os outros.

Coloque um espelho de modo a ter visão da pessoa que entra no quarto.

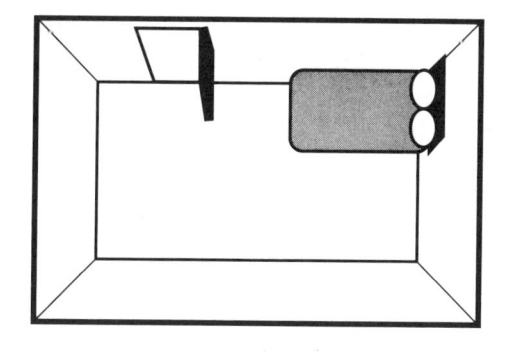

Quando a porta aberta bloqueia a visão dos que entram, sentimos insegurança

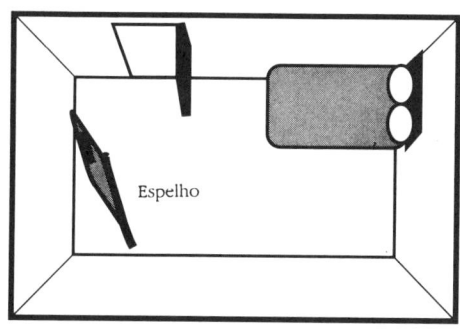

Uma vez mais, o espelho ou uma superfície capaz de refletir imagens pode captar visualmente quem quer que entre no quarto, e isso resolve o problema

Quando a cama de casal está com a cabeceira encostada numa parede e a lateral em outra parede...

Quando a cama de casal está encostada em duas paredes, a pessoa não pode se levantar com facilidade. Passar por cima do parceiro ou sair pelos pés da cama é embaraçoso. A pessoa que se encontra encurralada tem um chi bloqueado, e pode ter a sensação de que suas aspirações encontram obstáculos.

Independentemente de quão exíguo seja o espaço à volta, não se esqueça de colocar a cama com apenas um dos lados encostado na parede. Se isso não for possível, procure arrumar uma cama menor ou mudar o quarto para outro cômodo da casa.

Se o banheiro puder ser visto diretamente da cama...

A cultura dos Estados Unidos apresenta fortes tabus no que concerne à estrita privacidade nas instalações sanitárias. Ver o banheiro é o mesmo que ouvir alguém arrotando; por isso, afaste as cadeiras e as camas que propiciam uma visão da porta do banheiro. Se isso não for possível, ponha uma cortina no batente da porta de modo que não seja afetada quando ela se abrir. Se essas opções não lhe parecerem aceitáveis, coloque um biombo para criar um *foyer* diante do banheiro.

Se a sua cama está encostada a uma parede comum a um banheiro...

O sistema de encanamento dos antigos chineses nunca foi inteiramente bem-sucedido, e as exalações provenientes dos dejetos humanos podiam ser nocivas. Com o sistema de encanamento de hoje, nos queixamos menos acerca dos riscos com relação à saúde; contudo, os ruídos do banheiro não devem ser ouvidos no quarto das pessoas. Infelizmente, quartos com banheiros privativos tornam isso difícil. Se a sua suíte foi planejada dessa forma, pelo menos não coloque a cama encostada à parede do banheiro; leia também as informações sobre soluções no Capítulo 24.

Se não houver outra posição em que colocar a cama, pendure uma tapeçaria, uma placa ou qualquer coisa espessa que cubra a parede a fim de impedir que os sons do banheiro cheguem ao quarto.

Se o local de trabalho é visível quando você entra no quarto ou enquanto está deitado na cama...

Coisas que nos lembrem de nossos afazeres podem prejudicar nossa predisposição ao descanso. Decerto, se a última coisa que você vê todas as noites, ou se a primeira coisa que você vê de manhã, é uma escrivaninha, com todos os seus objetos que fazem lembrar trabalhos pendentes, a perspectiva de tranquilidade é mais remota. A vida deveria ser uma festa, e cada prato deveria ser servido separadamente.

Coloque um biombo ou uma planta que oculte a visão da área de trabalho no quarto. Que objeto usar para esse fim não interessa muito, contanto que esteja em harmonia com a estética do cômodo.

Se a sua cama está colocada em frente da janela, ou se a cabeceira não está encostada numa parede...

A janela atrás da cama nos expõe, da mesma forma como a porta que se abre diretamente para a cama devassa a nossa intimidade. Não será possível relaxar profundamente se você souber que pode ser surpreendido a qualquer momento.

Uma cama precisa ter uma parede sólida por trás dela a fim de que as pessoas se sintam apoiadas. Colocar uma cama no centro do cômodo nada faz para pôr fim à nossa necessidade de nos sentirmos seguros ao dormir.

Se não houver nenhum outro local para a cama, certifique-se de fechar as persianas da janela antes de se recolher. Os que não gostam de cortinas devem considerar a hipótese de cobrir a janela com uma pintura ou com uma placa. Posicione um espelho de modo que ele possa refletir a imagem atrás da cama cuja cabeceira tem de continuar voltada para a porta de entrada.

Se houver uma viga passando pelo teto do quarto...

Nos tempos em que os seres humanos pouco tinham além da inteligência e da intuição para evitar os predadores, poucas coisas eram mais ameaçadoras do que ser atacado do alto. Sentimo-nos inseguros quando estamos expostos e desprotegidos debaixo de algo que represente uma ameaça. Uma viga que passa pelo teto do quarto prejudica o total descanso em virtude dessas lembranças primitivas.

O antigo *feng shui* nos diz que a parte do corpo sobre a qual essa viga passa estará propensa a doenças. Portanto, se a viga no alto passa sobre o seu estômago, é possível que você tenha problemas de digestão. A região do seu corpo sobre a qual uma viga passa pode tornar-se tensa ou enrijecida em virtude da sensação de peso dessa viga.

Se você mora numa região em que são comuns os terremotos, coloque a cama em outra posição, afastando-a dessa viga.

Nas regiões não sujeitas a terremotos ou a deslizamentos de

terra, revestir com espelhos a parte de baixo da viga, fazendo-a desaparecer visualmente, haverá de torná-la inofensiva.

Se o seu quarto estiver afastado do foyer de entrada...

O quarto perto da porta de entrada induz os ocupantes do lugar a se fecharem nesse espaço em vez de se juntar aos membros da família num lugar de reuniões. No caso de um adulto que viva sozinho, o quarto próximo da entrada pode estimular certo desejo de dormir, predispondo o indivíduo à indolência, em vez de fazer com que ele se sinta motivado quanto a se envolver com outras atividades.

Ademais, um quarto que se localize perto da entrada provavelmente dará a sensação de menos segurança, por se confundir com o espaço não privativo, sobretudo se a entrada dá diretamente para a rua.

Se não houver opções para mudar o quarto de lugar, tente fazer o seguinte:

- Mantenha fechada a porta que dá para o quarto.
- Posicione um outro objeto que tenha uma imagem positiva e estimulante no lado oposto à porta do quarto.

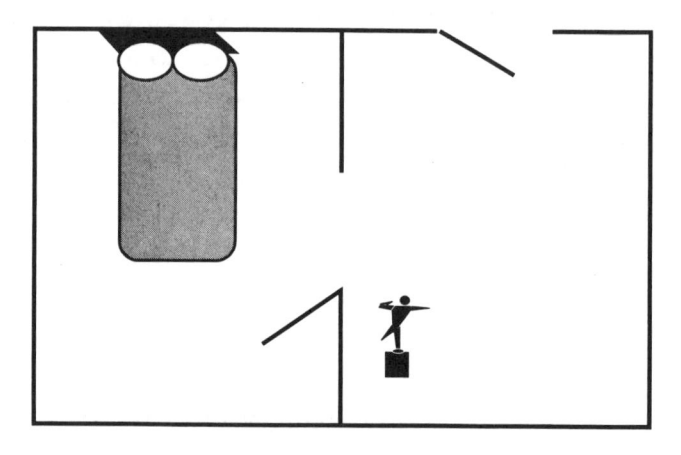

Posicionar um objeto para desviar a atenção da porta do quarto faz com que as pessoas que entram na casa se movam até a sala de estar

Por exemplo, uma estante colocada no lado oposto à porta do quarto pode nos lembrar os prazeres da leitura. Uma fotografia dos outros membros da família pode despertar em nós certo sentido de união. Em ambos os casos, somos atraídos ao centro da casa em virtude da posição desse objeto estimulante.

26
Locais de trabalho

Transmiti aos meus filhos o conhecimento de que é possível realizar todas as coisas concentrando-se nelas. Quer nos concentremos mais num quarto pintado de azul, quer num cômodo pintado de laranja, com ou sem música, ou observando uma atmosfera dinâmica ou tranqüila, a consideração fundamental envolve a criação de um clima que atenda às nossas necessidades pessoais.

Independentemente de tratar-se de um lugar em que possamos nos concentrar no nosso trabalho ou nas atividades gerais da casa, os locais de trabalho devem ser respeitados e conservados nas melhores condições.

Teste

Marque 2 se o local de trabalho está numa área fora de mão ou inconveniente.

Marque 2 se você se sentir isolado e sem apoio enquanto está no lugar em que trabalha.

Marque 2 se trabalha num escritório sem janela.

Marque 2 se não se sente bem em função das diversas pessoas que dividem o local de trabalho com você.

Marque 2 se não pode ver a porta de entrada enquanto trabalha.

Marque 2 se o seu local de trabalho é contíguo à cozinha.

Marque 2 se o seu local de trabalho é contíguo ao banheiro.

Marque 2 se o ar-condicionado está acima da sua cadeira.

Marque 2 se você não consegue ver a porta enquanto fala ao telefone.

Marque 2 se a luz se projeta sobre o dorso da mão com que você escreve.

Marque 2 se o local de trabalho está perto da saída.

Marque 2 se uma seta invisível como que aponta para o seu lugar de trabalho. (Ver Capítulo 14.)

O total de pontos negativos pode ser 19. Naturalmente, resolver todos esses problemas com respeito ao espaço seria o ideal para você progredir. Se a soma dos seus pontos atingiu quase a metade do total acima, considere isso uma advertência e cuide de fazer algumas mudanças necessárias o mais breve possível. Viver num ambiente de condições ideais ajuda você a avançar!

Se o seu local de trabalho está situado num local inadequado ou fora de mão...

Quando eu ganhava a vida como artista, fiz a entrega de uma escultura a um casal de clientes meus. Esse casal mostrou-me com orgulho a casa em que morava. Quando um deles abriu a porta para o que, conforme me disseram, era o escritório, tive a visão de um banheiro! Percebi que não se tratava de uma piada quando vi uma escrivaninha espremida num canto. Depois de fazer algumas perguntas, fiquei sabendo que essa escolha se baseou na privacidade legítima que o cômodo proporcionava. A razão era pertinente, mas o *feng shui,* horrível.

Circunstâncias antecedentes determinam aquilo que nos tornamos. Não "esprema" uma escrivaninha no canto de um cômodo; tampouco esconda-a num porão sem janelas. A qualidade do trabalho refletirá a condição do espaço de trabalho.

Isso não significa que um local de trabalho numa garagem não possa ser exatamente aquilo de que você necessita. Rompantes de inspiração no meio da noite podem se realizar plenamente num espaço longe do centro da casa. Um local de trabalho é apropriado quando ele o embala e, ao mesmo tempo, lhe confere apoio emocional, mental e físico. Independentemente da forma que tenha, ter um lugar agradável em que você possa se concentrar ao levar a cabo uma tarefa é um elemento que integra uma vida de realizações.

Se você se sente isolado e sem integração enquanto está no seu local de trabalho...

Apesar de necessitarmos de privacidade, não gostamos de nos sentir isolados. Encontrar a mistura certa de privacidade e integração é como comida muito condimentada — a pessoa deve estar "por dentro" quanto ao paladar, mas também alerta quanto às alterações que os condimentos podem acarretar. Enquanto algumas pessoas usam fotos de entes queridos para se sentirem ligadas, outras se valem da música ou de programas de rádio a fim de criar um pano de fundo que contribua com certa sensação de bem-estar. O melhor vínculo com o mundo exterior é o pessoal. Opte por ter alguma coisa no seu espaço de trabalho que o lembre dos benefícios dos outros aspectos da sua vida.

Se você trabalha num escritório sem janelas...

Sem uma ligação com o mundo exterior, sentimo-nos confinados, como se estivéssemos num cárcere. Os que trabalham em escritórios sem janelas sentem uma angústia sem fim — como se estivessem longe da vida. É provável que a sua insatisfação quanto ao trabalho venha à luz quando você trabalhar num lugar assim.

Se o seu local de trabalho não tem janelas, coloque nele um objeto que contenha a energia chi. Não precisa ser nada diferente: uma fotografia do local predileto em que você passa as férias, uma pequena coleção de conchas que você apanhou na praia durante as férias de verão, ou um móbile de papel pendendo de uma abertura para ventilação; mas também pode ser uma coisa mais elaborada, como uma fonte de água corrente, um mural reproduzindo uma cena da natureza ou um ventilador. Escolha alguma coisa que o ligue à vitalidade e à energia exterior.

Se você se sente mal por causa de um grande número de pessoas num mesmo espaço...

Você pode ser do tipo que fica energizado com muitas pessoas à volta, ou do tipo que se intimida com elas. Independentemente do tipo que você é, estar entre muitas pessoas pode não corresponder muito às suas preferências pessoais.

Uma tela pode ser física ou emocional. Para impedir certa perda de identidade ou a sensação de estar sobrecarregado, crie um outro foco. Uma lâmpada que ilumine o espaço pessoal, uma parede divisória à prova de som ou uma cesta de flores — tudo isso é capaz de abafar o burburinho do trabalho num espaço muito sobrecarregado.

Certa vez, dividi o escritório com uma mulher que usava um chapéu de abas largas. Estas lhe caíam sobre os olhos, proporcionando-lhe essa "tela" de privacidade. Independentemente de ser ou não algo fora do comum, descubra um modo de proteger o seu espaço pessoal.

Se você não consegue ver a porta de entrada enquanto trabalha...

Minha mãe, a bem dizer, nunca perdoou suas irmãs mais velhas por elas a assustarem quando crianças. Tia Betty ficava atrás da porta, à espera que minha mãe passasse, e então dava um salto e gritava "Buuu!" Ninguém gosta de ser assustado, e isso é exatamente o que pode acontecer se alguém vier de trás antes que você perceba quem é essa pessoa.

O modo mais fácil e eficaz de resolver esse problema, sem ter de mudar a posição da mobília, é colocar um espelho para que você possa ver o reflexo da porta sem ser obrigado a voltar a cabeça. Se você trabalha com um computador, arranje um pouco de cola e fixe um espelho pequeno ao lado do monitor. Esta é uma solução fácil e simples, que lhe permite ver a porta.

Se o seu local de trabalho é contíguo à cozinha ou ao banheiro...

Para ir do meu escritório à cozinha, desço uma escada de quatro degraus. Quando estou frustrada e ansiosa quanto a um projeto, ou quando simplesmente estou cansada, pego-me misteriosamente gravitando rumo à geladeira. Vez por outra, me surpreendo parada no terceiro degrau, e volto ao escritório. A comida, o estofo de que é feita a nossa existência, não raro se torna uma forma de atenuar a angústia e um modo de desviar a atenção em relação aos problemas que estão por ser resolvidos. Se você está bem perto da cozinha, é possível que acabe arrastando de um lado para o outro problemas não resolvidos e peso extra.

Se se mudar para outra parte da casa longe da cozinha não é uma opção, crie uma barreira para os ruídos, os aromas e para qualquer pensamento que envolva comida. Pendure uma tapeçaria na parede contígua a fim de que ela abafe os ruídos. Acenda uma baga de loureiro ou queime incenso a fim de camuflar os aromas. Um retrato com cenas do seu esporte predileto ou com a imagem do mar pode despertar a lembrança dos benefícios da boa forma física e da saúde.

Um ditado que me ocorre quando me pego dirigindo-me mecanicamente para a cozinha é: "Quando você pensa que está com fome, você está é com sede." Portanto, minha garrafinha de água Evian está sempre à mão.

Se um duto de aquecimento ou um ar-condicionado está bem em cima do local de trabalho...

Estar sentado embaixo de dutos de ar quente entorpece os sentidos — como vários cobertores que o protegem do frio do inverno. Por outro lado, no verão, a corrente de ar frio do mesmo duto pode fazer você se encolher como uma tartaruga no casco. Em qualquer dos casos, seu desempenho máximo é prejudicado devido a excessos.

Quando você não tiver condições de se afastar de sob o duto de ar quente ou frio, experimente pendurar um cachecol, um guarda-chuva ou um objeto de arte debaixo do duto a fim de diminuir a corrente de ar sobre você. Pelo menos, regule o ar para que o vento não sopre diretamente sobre você.

Se você não consegue ver a porta enquanto está falando ao telefone...

Os filmes de antigamente às vezes mostravam cenas em que

informações secretas eram reveladas a pessoas erradas porque alguém falando ao telefone não via quem entrava pela porta. O mal triunfa porque o telefone está posicionado com um *feng shui* inadequado. Por que arriscar-se quanto a ser ouvido ao falar ao telefone? Livre-se de outras preocupações além das que tem na condução dos seus negócios. Procure ter a visão da porta enquanto estiver usando o telefone.

Se uma visão direta da porta não for possível, coloque um espelho que reflita a porta. Se a vista desde sua janela for algo espetacular e você quiser ficar olhando pela janela enquanto fala ao telefone, coloque um objeto que balance ao vento, ou mesmo um sino, na porta, para saber quando alguém transpõe a entrada da sala.

Se a luz ilumina a mão com que você escreve...

Precisamos nos livrar de quaisquer tipos de distração para nos concentrar numa tarefa. Não deve haver nenhuma sombra entre você e o seu trabalho. Qualquer empecilho diminui a sua eficácia.

Se a luz incide diretamente sobre a sua mão enquanto você escreve, a sombra da mão incide sobre a superfície em que o trabalho está sendo feito. Se a luz vem do lado em que a sua mão não está apoiada, não haverá sombra sobre a superfície em que você trabalha. A sombra o distrai da tarefa que você tem de fazer.

Coloque uma luz em cima ou ao lado da mão com que você não escreve. Coloquei uma luz em cima do meu computador iluminando o teclado, e isso me proporcionou uma superfície de trabalho infensa a distrações da minha parte.

Se você tem o seu local de trabalho perto da saída...

Num restaurante, a pior mesa é a que está perto da porta. Poucos gostam de estar próximos a uma porta, seja ela a da cozinha ou a dos outros cômodos. Se o seu local de trabalho está perto da saída, você pode ser visto por quantos entram pela porta como um elemento dispensável, e será tratado como tal. Dessa forma, se você não quer que o seu parceiro ou os seus filhos o interrompam, crie o seu espaço de trabalho longe da porta de entrada do cômodo.

    Se não lhe é possível mudar o local de trabalho, coloque um objeto pesado, algo colorido, alguma coisa que balance ao vento ou algo que produza som do lado da escrivaninha perto da porta. Toda vez que alguém passar, você perceberá. Acrescentar chi à sua presença contribuirá conferindo importância ao seu papel, tanto para você como para os que trabalham com você.

As soluções

Considerações especiais

27
Mobília

A mobília define a função do ambiente e deve adaptar-se às dimensões do espaço. Um cômodo não deve estar nem abarrotado nem vazio.

A mobília determina de que modo nos deslocamos pelo espaço. Ela deve ressaltar a função do ambiente, bem como de que modo devemos nos deslocar pela casa inteira. Leve em conta essas questões antes de selecionar a mobília e de determinar a quantidade de móveis e o lugar deles em qualquer cômodo:

- Que tipo de atividades quero evidenciar nesse cômodo?
- De que modo as pessoas irão usá-lo?
- Que cômodos precisam ligar-se naturalmente uns aos outros?
- Em que parte do dia esse cômodo será usado com mais freqüência?

Teste

Marque 2 se tiver de se deslocar com dificuldade entre os móveis para chegar a algum móvel em particular.

Marque 1 se o cômodo lhe parecer vazio em termos de mobília.

Marque 2 se o sofá em determinado cômodo tem as costas voltadas para a porta que é usada com mais freqüência.

Marque 2 se houver muito poucos assentos com relação ao número de pessoas que comumente usam o cômodo.

Marque 2 se tiver de dar mais de oito ou dez passos até o cômodo antes de poder se sentar.

O total de pontos negativos poderia ser 9. Naturalmente, resolver todos os problemas seria o ideal para você progredir. Se a soma dos seus pontos atingiu quase a metade do total acima, considere isso como uma advertência e cuide de fazer as mudanças necessárias o mais breve possível. O seu progresso depende diretamente das condições que o cercam.

Se um cômodo tem móveis demais...

Muitos estudos versam sobre as conseqüências da superpopulação no mundo. Edward T. Hall, em seu livro *The Silent Language*, relata que a nossa capacidade de reprodução se altera de acordo com o número de pessoas habitantes por metro quadrado. As reações emocionais como a raiva, a ansiedade e o medo estão mais perto de aflorar toda vez que a densidade excede certo limite.

Temos de conseguir um equilíbrio propício entre estímulos demais e de menos, e não há nenhum sucedâneo para eliminar o que é desnecessário. Um bom método baseado na experiência quanto ao ato de sentar é ter cerca de dois ou quatro assentos livres mais do que o número de pessoas que comumente utilizam a área.

Escritórios abarrotados de objetos por vezes representam certa incapacidade de mudança. Uma das minhas alunas certa vez me contou uma história sobre sua avó. Sempre que ela fazia uma pergunta para a avó, esta lhe respondia: "Suba já para o quarto e esvazie uma gaveta da cômoda. Decida o que é realmente necessário e guarde de novo só as coisas que você vai usar." Inevitavelmente, antes que ela tivesse completado a tarefa, a resposta para a sua pergunta ocorria-lhe subitamente. A avó dela sabia que você não pode receber informações enquanto não criar espaço para elas.

Se um cômodo tem poucos móveis...

Embora haja situações em que a falta de móveis é apropriada, a maioria de nós precisa de um ambiente complexo para progredir. O estímulo propicia o catalisador para o desenvolvimento

Uma coleção de fotografias é a solução possível para um cômodo a que faltam estímulos

de nossos processos mentais. Estudos relatam de que modo os bebês gastam suas energias num mundo sem estímulos. Entregues apenas aos recursos de que dispõem, essas crianças se tornam preguiçosas e, física e emocionalmente, se afastam do mundo.

A artista Georgia O'Keeffe cobriu a mobília da casa com lençóis brancos no seu estúdio todo pintado de branco. Esse ambiente forneceu a tela de fundo necessária para que as cores vivas de suas pinturas se destacassem como a silhueta de uma árvore em contraste com uma paisagem coberta pela neve. Para a maioria de nós, contudo, os pormenores e as cores proporcionam um incentivo à criatividade.

Se o espaço vazio serve apropriadamente aos seus propósitos, por nada neste mundo faça mudanças nele; todavia, se você não está fornecendo estímulos apropriados a si mesmo através do seu ambiente, acrescente objetos, cor e luz.

Certa vez, visitei uma estudante que precisava do que se poderia chamar de esplendor visual, mas sua bolsa de estudos não podia fazer face a essas despesas. A solução que ela arranjou foi engenhosa. Cortou diversas fotografias, colou-as numa cartolina e dependurou-a na parede, à maneira de Andy Warhol. Nesses casos, a invenção é o segredo do sucesso. Nunca diga "Eu não tenho..." Olhe à sua volta: há idéias que estão à espera para se tornarem realidade.

Se um sofá num cômodo não está voltado para a porta de entrada...

Qualquer lugar de contemplação ou de concentração deve ser

acompanhado de um sentimento de total satisfação. Para nos sentirmos seguros, precisamos ver quem está se aproximando. Caso contrário, inconscientemente, entramos em sintonia com ruídos, vibrações físicas ou correntes de ar. Isso nos impede de usufruir ao máximo o momento.

Arranje os sofás e as poltronas de sorte a poder ver a porta principal da casa. Se isso não for possível, providencie um espelho capaz de refletir a porta.

Se houver muito poucos assentos para as pessoas que comumente usam o cômodo...

Uma família com três filhos adolescentes veio me procurar para que eu os ajudasse no momento em que, depois de eles terem se mudado para a casa dos seus sonhos, perceberam que a união na família estava desaparecendo. Haviam se mudado de uma casa pequena, que tinha uma sala de estar ampla, para uma casa grande com uma sala de estar formal enorme, mas com uma sala minúscula para reuniões da família.

Dois sofás tomavam todo o espaço na sala em que a família se reunia, mas apenas com espaço para que quatro jovens se sentassem à vontade. Os filhos acabaram realizando encontros com os amigos longe da família, e o sentimento de união da família foi quebrado. A culpa era do espaço insuficiente para o número de pessoas.

Eu sugeri que a família passasse a se reunir na ampla sala de visitas, mas recebi uma oposição violenta. Os filhos haviam perdido a vontade de ter uma dessas casas espetaculares que vemos nas revistas.

Se você tem de dar mais de dez passos até um cômodo antes de poder sentar-se...

São poucos aqueles dentre nós que gostam de dar ouvidos a alguém que fica divagando. Quando me acontece conversar com alguém assim, pego-me falando com meus botões: "Vá logo ao assunto." Da mesma forma, um cômodo deve ir logo ao seu objetivo. Seu ponto fulcral deve achar-se a uma distância razoável da entrada. Ainda que "muito longe" seja uma expressão relativa, sugiro que você determine se o centro de um cômodo ultrapassa uma distância razoável a se transpor. Se é assim, a solução passa a ser interpor uma parada no meio do caminho; em muitos casos, isso significa uma cadeira ou um sofá depois dessas dez passadas a partir da entrada.

28
A luz

Cercado por colegas que lhe descreviam o que estava à frente, para que lado virar e quando frear, o amigo cego dos meus filhos realizou o sonho de sua vida — guiou um carro. Decerto, os que perderam a visão desenvolvem, em compensação, habilidades por vezes surpreendentes; entretanto, nossa capacidade de discernir o que precisamos conhecer diminui muito se não conseguimos ver com clareza.

Teste

Marque 2 se houver apenas luzes no alto em determinado cômodo.

Marque 2 para todas as áreas que não têm luz suficiente.

Marque 2 se a cadeira em que costuma ler ou se a escrivaninha não têm bastante luz à volta.

Marque 2 para qualquer tipo de luz dentro ou fora de casa que você possa ver.

Marque 2 para qualquer cômodo em que não haja luz natural.

O total de pontos negativos poderia ser 9. Naturalmente, resolver todos os problemas seria o ideal para você progredir. Se a soma dos seus pontos atingiu quase a metade do total acima, considere isso como uma advertência e cuide de fazer as mudanças necessárias o mais breve possível. O seu progresso depende diretamente das condições que o cercam.

Se não houver variação de luz num cômodo...

A luz dentro de uma casa deve aproximar-se, tanto quanto possível, da variedade e da intensidade da luz solar. Há uma sensação de normalidade quando despertamos todas as manhãs contemplando no horizonte as faixas de luz que erguem o véu da noite. Durante o resto do dia, a luz por vezes se filtra pelas folhas das árvores e pelas nuvens que passam. A luz raramente é pura — ainda que pareça ser assim, num cômodo que não tenha outras formas de iluminação a não ser a que está no alto — mas, em vez disso, mistura-se às sombras e gradações de claro e escuro. Cabe a nós resolver esses problemas.

Acrescente luz à iluminação que já existe no ambiente. Por exemplo, num escritório iluminado apenas por luz fluorescente no alto, coloque luminárias que projetem cones de luz sobre a escrivaninha onde você trabalha.

Se não houver luz bastante...

Sempre me lembro de uma amiga de infância que morava na casa mais peculiar de todas. Depois que o sol se punha, a família brincava de pega-pega apagando e acendendo as luzes dos vários cômodos. Ao subir as escadas, você era obrigado a desligar as luzes do andar de baixo e a acendê-las quando voltasse. Havia sempre um vão escuro seguindo você em toda a casa. Quem podia imaginar o que estava atrás? A escuridão, obviamente, prejudica a visibilidade, e sempre nos sentimos mal quando não podemos ver. Fomos biologicamente programados para usar nossa visão como um instrumento importante. Nossos olhos são sobretudo um sistema de defesa necessário para a sobrevivência.

Instale dois tipos de sistemas de luz, um que ilumine todas as áreas de um modo geral e outro que ressalte áreas específicas. Seja criativo: compre um bocal com fio, um pedaço de madeira e uma cúpula, e improvise um abajur. A luz pode ser algo bem barato.

Se você não está ressaltando partes importantes da casa...

A luz está associada à vigília, à sabedoria e à liberdade. Não é por simples coincidência que os anjos são retratados como criaturas envoltas em luz. Estar excluído do círculo de luz é ser considerado menos importante. Expressões tais como "perder o brilho" e "figura obscura" indicam a nossa associação positiva com a luz. Cremos que as pessoas banhadas pela luz são mais dignas de confiança e mais queridas do que as outras.

Se a luz cônica não dá conta de toda a parte da casa em que as pessoas se sentam para conversar, ou deixa na penumbra uma parte do sofá, mude a lâmpada de posição. Para fazer uma pessoa se sentir integrada em determinada atividade e estimular a produtividade, faça com que essa pessoa esteja dentro da esfera de luz.

Ilumine apropriadamente todos os espaços. Observe onde cai o círculo de luz, e pode estar certo de que o lugar ideal para ficar é dentro desse círculo.

Se a sua iluminação ofusca os olhos de alguém...

Em alguns filmes, certas táticas da polícia incluem às vezes o uso de uma luz forte incidindo diretamente sobre o rosto de um suspeito. Isso confunde momentaneamente a pessoa porque, enquanto os olhos se adaptam instantaneamente ao brilho da luz, demora mais para que eles se adaptem à escuridão. O efeito desse expediente resulta num embaçamento do ambiente, que torna o suspeito vulnerável e mais propenso a falar.

Adapte toda a iluminação de modo a evitar a incidência de qualquer raio de luz diretamente contra os olhos da pessoa.

Se não há luz natural num ambiente...

Um cômodo sem janelas, como aqueles em que atualmente muitas pessoas trabalham, pode ser curado de muitas formas. Pri-

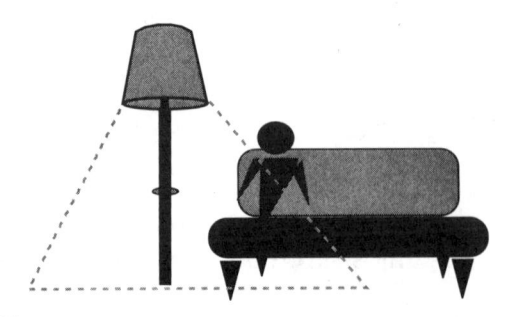

As luzes têm um campo que devem abranger, e não deixar de fora, a pessoa que se senta perto de nós

meiro, compre lâmpadas incandescentes, que hoje são fabricadas até mesmo para estruturas usadas para luz fluorescente. Essas lâmpadas apresentam todas as cores em seu espectro e, desse modo, dão a impressão de assemelhar-se à luz do sol.

Não se esqueça de ter uma fotografia, um quadro ou uma estampa em que se veja uma paisagem, uma rua ou outra imagem em que você reconheça uma perspectiva distante. Ter a impressão de que se olha através das paredes com essa representação do artista é melhor do que se sentir visualmente limitado pela falta de janelas no ambiente.

Qualquer representação da natureza, tal como a de uma fonte interior, de um tanque com peixes ou uma planta, pode ajudar a acabar com o sentimento claustrofóbico causado por um cômodo sem janelas.

29
O movimento

Nada na natureza é estático. Até mesmo as rochas são tonéis borbulhantes de moléculas em movimento. Uma lâmina de vidro na posição vertical engrossará, com o passar do tempo, no extremo apoiado no chão, porque o vidro, a exemplo de tudo o mais, está em perpétuo movimento.

O movimento chama a atenção. Nos primeiros dias de vida, a reação dos olhos do bebê estabelece involuntariamente uma ligação durante toda a existência entre a ação e a vida em si. Num nível emocional, a inação faz com que nós nos sintamos destituídos de contato. Até mesmo aos que não gostam de ambientes agitados essa associação fundamental faz com que se relacionem positivamente com o ambiente.

Calmarias são fenômenos climáticos destituídos de corrente de ar. Estar em calmaria é estar desatento e carente de energia. A falta de correntes de ar só encontra paralelo nas coisas que não têm brilho, porque o movimento faz parte de tudo o que é vivo. Não ter consciência das coisas em movimento é viver fora dos parâmetros normais da existência.

Teste

Marque 2 para cada cômodo que transmita a sensação de imobilidade.

Marque 1 para cada ambiente que transmita a sensação de dinamismo excessivo.

Se um terço do espaço transmitir a impressão de imobilidade ou de demasiada agitação, valha-se das curas do feng shui.

Se na sua casa é tudo muito "parado"...

Não confunda "parado" com calmo. "Tudo muito parado" inclui a falta de movimento e de som, ao passo que "calmo" liga-se à paz. A relva tremulando ao vento num dia de verão nos acalma da mesma forma que um berço que embala uma criança. O movimento é visto, sentido e ouvido em toda parte do mundo natural. A neve deslocando-se no chão, o refluxo da onda e a borboleta esvoaçando pelo jardim são visões familiares neste nosso mundo em mutação.

O excesso de imobilidade nos torna frágeis e por vezes lentos. Como não raro os animais de estimação estão sendo proibidos nos edifícios de apartamento e as casas de repouso, assim como os espaços de convivência estão ficando cada vez mais resguardados, impedindo o ar de circular livremente pelo ambiente, as casas das pessoas que vivem sozinhas estão ficando estagnadas e até mesmo fúnebres. O silêncio é uma diminuição gradual dos estímulos, enquanto a calma é a ausência total de estímulos.

Estar envolvido com uma atividade põe fim à sensação de imobilidade. O borbulhar de uma pequena fonte, as plantas de folhas leves que se agitam com o deslocamento de ar e almofadas fofas que assumem a forma do corpo da pessoa quando esta se deita sobre elas propiciam variadas formas de movimento.

Uma das minhas soluções favoritas para um lar em que a pessoa more sozinha é colocar um pequeno ventilador na base de uma plantinha de folhas pequenas a fim de que essas folhas se agitem com o vento. Isso constitui um ótimo antídoto para a sensação de solidão.

Se a sua casa é muito "agitada"...

Nos filmes da década de cinqüenta, a loucura freqüentemente era representada retratando-se o drama no interior da mente da pessoa. As imagens flutuavam como a luz do estroboscópio pela tela, e a infeliz vítima era incapaz de reconhecer os estímulos. Não havia como escapar da loucura com essa sobrecarga de estímulos.

O sentido da existência está em equilibrar todos os estímulos. Envolver-nos com atividades suficientes para conseguir os estímulos adequados, enquanto deixamos de lado distrações inúteis, resulta em melhores condições ambientais.

O movimento pode ser controlado na maioria das situações. Contudo, quando isso não ocorre, os seres humanos parecem ter um mecanismo inato de ataque. Tony Hiss, em seu livro *Experience of Place,* observa o modo como as multidões se deslocam pela Grand Central Station de Manhattan. Mesmo quando o espaço central está ocupado no seu limite máximo, os milhares de pessoas não esbarram umas nas outras. Em sua maioria, os seres humanos têm a capacidade de orquestrar apropriadamente seus movimentos. Apenas o pânico parece minar as ações recíprocas harmoniosas.

Quando está além de suas forças diminuir o movimento no ambiente, faça com que o espaço pareça o maior possível. Talvez seja o momento de pôr fora toda mobília extra ou de pintar de novo o cômodo com cores mais claras. Os espelhos, refletindo uma paisagem serena do lado de fora da janela, ou até mesmo uma parede nua, dão às vezes a impressão de que o espaço é maior. Chame a atenção para a área ocupada por você com lâmpadas mais fortes. A luz que incide sobre a sua cadeira pode mantê-lo ao abrigo das distrações.

Se nenhuma dessas coisas puder ser levada a efeito com facilidade, experimente colocar uma pequena escultura, uma pintura ou qualquer outro objeto próximo do teto. Esse objeto será visto facilmente, e servirá para desviar a atenção da pessoa que, assim, olhará para o alto, dando a ela e aos ocupantes do cômodo um ponto de referência para sua concentração. Se não puder encontrar um objeto do seu agrado, pinte uma faixa na junção da parede com o teto, a fim de desviar a atenção do dinamismo frenético em curso no ambiente.

30
Os rituais

É bom que você comece cada dia cumprindo algum tipo de ritual — quer se trate do simples ato de se espreguiçar pela manhã, de tomar um copo de água com limão ou de apenas escovar os dentes. Os rituais nada mais são do que um procedimento adotado pela pessoa. Eles podem ser tão comuns quanto ir ao banheiro ou tão incomuns quanto plantar bananeira. Em qualquer caso, os rituais servem de âncoras para nossas experiências.

Ficamos surpresos quando alguém não comemora o aniversário nem os feriados ocasionais. Além desses costumes, há outros hábitos exclusivamente pessoais, tais como o primeiro dia no trabalho ou o dia em que nos mudamos para uma casa nova. Essas experiências são tão importantes para toda a evolução da vida que exigem comemoração e cerimônia.

Reconhecer o término de um ciclo antes que comecemos outro é um modo de honrar o passado, ainda que estejamos fazendo progressos na vida. O dia em que fui para a faculdade sem o consentimento de meus pais, coloquei uma moedinha na soleira da porta de casa para dar sorte. Foi o modo que encontrei para deixar algo em casa enquanto confiava na boa sorte do futuro. Abrir uma garrafa de champanhe para fazer um brinde a um novo começo, ou queimar incenso para purificar e abençoar um novo lar é uma afirmação de vida. Os rituais ligam a passagem do tempo de um modo que representa uma homenagem tanto ao passado como ao futuro.

Teste

Marque 2 se você não tiver datas especiais em que comemore um acontecimento da sua vida.

Marque 2 se se mudar de casa sem ligar a mudança a um ritual.

O total de pontos negativos poderia ser 4. Naturalmente, resolver todos os problemas seria o ideal para você progredir. Se a soma dos seus pontos atingiu quase a metade do total acima, considere isso como uma advertência e cuide de fazer as mudanças necessárias o mais breve possível. O seu progresso depende diretamente das condições que o cercam.

Se você não celebra acontecimentos da sua vida em dias determinados...

Os que não se consideram especiais estão sujeitos a subestimar sua condição pessoal. Para realizar coisas, precisamos nos sentir especiais. Quer se trate de nossos talentos, da nossa família ou do simples fato de estarmos vivos, ter atenção com nós mesmos e nos estimarmos é um modo de contribuir com a realização de um destino positivo.

A maioria dos pais não ousa deixar que o aniversário dos filhos passe em branco, porque fazer isso equivale a transmitir energia negativa à criança. Mesmo para os adultos, dar mostras de amor-próprio é um modo positivo de reforçar a auto-estima, e um modo de expressar o amor-próprio é celebrar de algum modo os acontecimentos pessoais.

Escolha um dia, qualquer dia, e celebre você mesmo. Se você não é do tipo que gosta de comemorar a data do nascimento, eis aqui algumas sugestões:

- Celebre o dia em que você começou a trabalhar.
- Celebre o dia em que você encontrou o seu amor.
- Celebre o dia em que participou de uma maratona.
- Celebre o dia em que se mudou para a sua casa.
- Celebre o dia em que seu filho tirou o diploma.

- Celebre o dia em que você ganhou um prêmio.
- Celebre o dia em que você foi para (escolha o nome do local).
- Celebre o dia em que você se uniu a (especifique o grupo).

Se você não realiza um ritual para assinalar a mudança para uma casa nova ou um novo escritório...

A mudança é uma das transições da vida, semelhante a chegar à adolescência ou a se casar. Um novo ambiente oferece o contexto para possibilidades que podem renovar a sua vida e conferir a ela uma nova forma. As cerimônias em torno dos ritos de passagem servem para salientar e abençoar a mudança. Uma cerimônia aprofunda de modo significativo a ligação com cada evento.

Neste ano, participei da cerimônia da entrada de meu filho na faculdade de medicina. Que experiência fascinante a Wayne State University possibilita a seus estudantes homenageando esse compromisso de toda uma vida com a cura por meio de uma cerimônia de convocação!

A única cura para não se ter um ritual é criar um. Peça aos membros da família que escrevam um poema ou uma mensagem e que os partilhem entre si. Faça um piquenique com a família, mesmo que seja dentro de casa. Reúna um grupo e realize uma caminhada a modo de cerimônia ao redor da sua propriedade, ou faça que cada membro da família coloque uma flor no vaso do peitoril da janela. Simplesmente pare e arranje tempo para prestar uma homenagem à transição entre o passado e as possibilidades para o futuro.

31
A vida moderna

Como quando nos coçamos por causa de uma comichão, o que fazemos é arranhar a superfície do descontentamento sem dele dar cabo. As doenças do mundo moderno não estão tanto naquilo que não temos, mas naquilo que não sentimos. A causa da nossa insatisfação foi expressa na infame alegação escrita pelo *Unabomber*. Ele atribui os problemas sociais e psicológicos da sociedade moderna ao fato de que a sociedade obriga as pessoas a viverem em condições muito diferentes daquelas nas quais a raça humana evoluiu. Em algum nível, essa injustiça parece ocorrer.

Qual é a raiz desses sentimentos? Por que a nossa vida parece não estar em sincronia com as nossas necessidades? Já que somos os criadores da nossa vida, por que não prestamos atenção às nossas necessidades intrínsecas?

Um campo da ciência chamado de *psicologia evolucionária* tem algumas respostas a dar. Na chamada *teoria da combinação imperfeita*, nosso ambiente atual é comparado com o ambiente que no início nos foi designado. Atualmente, a vida não corresponde às nossas características genéticas de adaptação. Não fomos projetados para viver longe da interação social, preenchendo nosso tempo com a atenção voltada para coisas criadas artificialmente. Sentar-se à frente de um computador, montar alguma engenhoca numa fábrica ou trabalhar com documentos e números, fechado num escritório, eram coisas que não estavam previstas no nosso projeto original. Não fomos feitos para ficar parados todos os dias, para usar nossos olhos exclusivamente para miudezas, tampouco para ficar longe do ar puro e do sol.

Os seres humanos fazem parte de um sistema de vida que depende do desenvolvimento de cada aspecto. Pesamos bem as coisas, percebemos que estamos muito bem quando sentimos a nossa unidade com o ambiente que nos cerca.

Considere o quanto somos influenciados pelo nosso ambiente. Como o conto do peixe dourado que se torna grande como o mar, nós nos expandimos dentro dos limites de nossos espaços, física e emocionalmente. Dê amor aos seus filhos, e eles serão pessoas amáveis. Dê a si mesmo a oportunidade para realizar os seus sonhos, e você será uma pessoa feliz, brilhante. É uma exceção, e não uma norma, ser capaz de fugir às influências que o ambiente exerce sobre nós.

Os profissionais do *feng shui* que são adeptos da escola da pirâmide têm de fazer um juramento, bem semelhante ao juramento de Hipócrates. Nesse juramento, deveria estar escrito que devemos nos esvaziar a ponto de receber informações livremente por meio do eu. Sinta o espaço ao seu redor sem se valer do filtro da mente. Só quando estamos vazios é que podemos nos sentir plenos.

As soluções para a nossa vida podem se concretizar a partir do conhecimento do modo como integrar nossa vida ao ambiente que nos cerca. Só quando nos concentramos no sentido de modificar o nosso ambiente para proporcionar o melhor para a nossa vida é que alguns aspectos negativos são eliminados de modo natural e irrevogável, como as folhas durante o outono, em sua peregrinação rumo à extinção.

Posfácio

Ah, os caprichos do destino!
A combinação difícil e pesada de matéria que nós somos é tão caprichosa como um lance de dados. Ao longo do caminho rumo à existência, a menor variação poderia mudar o nosso modo de ser. Uma quantidade alterada de cromossomos, uma ligeira ruptura na cadeia do DNA produziriam uma configuração totalmente diferente para a vida. Até mesmo a nossa galáxia, considerada imutável, é tão frágil quanto a flor de uma orquídea entalhada no gelo fazendo vôos rasantes ao calor do sol.

Como, pois, não sermos humildes quando consideramos o que precisa ser feito para progredir? Saiba que a fortuna pôs o seu dedo na configuração do mundo como ele é hoje. Para deixar nossa marca, basta fazer algumas mudanças no ambiente em que vivemos. Nós somos e não somos o que está à nossa volta.

Saiba avaliar o milagre do agora, mas com equilíbrio.

Bibliografia

Alexander, Christopher, et al. *A Pattern Language: Towns, Buildings, Construction.* Oxford: Oxford University Press, 1977.
Becker, R. O., e Gary Selden. *The Body Electric.* Nova York: William Morrow, 1985.
Blake, Peter. *No Place Like Utopia.* Nova York: Alfred A. Knopf, 1993.
Craze, Richard. *Feng Shui for Beginners.* Londres: Hodder & Stoughton, 1995.
Dagens, Bruno. *Mayamata: An Indian Treatise on Housing Architecture and Iconography.* Nova Delhi, Índia: Sitaram Bhartia Institute of Scientific Research, 1985.
Das, Potluru Krishna. *The Secrets of Vastu.* Sikh Village, Secunderabad: Udayalakshmi Publications, 1989.
Eitel, Ernest J. *Feng Shui: The Science of Sacred Landscape in Old China.* Tucson, Arizona: Synergetic Press, 1984.
Fairchild, Dennis. *Healing Homes.* Birmingham, Michigan: Wavefield Books, 1996.
Gallagher, Winifred. *The Power of Place.* Nova York: Simon and Schuster, 1993.
Govert, John Dennis. *Feng Shui: Art and Harmony of Place.* Phoenix, Arizona: Daikakuji Publications, 1993.
Groves, Derham. *Feng Shui and Western Building Ceremonies.* Cingapura: Graham Brash, 1991.
Hall, Edward T. *The Hidden Dimension.* Nova York: Anchor Books, Doubleday, 1966.
Hall, Edward T. *The Silent Language.* Nova York: Doubleday, 1973.
Hiss, Tony. *The Experience of Place.* Nova York: Alfred A. Knopf, 1990.
Jacobs, Jane. *Cities and the Wealth of Nations.* Nova York: Vintage Books, Random House, Inc., 1985.
Kaplan, Stephen & Rachel. *Cognition and Environment.* Ann Arbor, Michigan: Ulrich's Bookstore, 1983.

Lam, William. *Perception and Light as Formgivers to Architecture.* Nova York: McGraw-Hill, 1977.
Lawlor, Robert. *Sacred Geometry.* Nova York: Crossroad Publishing Company, 1982.
MacKaye, Benton. *The New Exploration: A Philosophy of Regional Planning.* Champaign, Illinois: University of Illinois Press, 1962.
Marfori, Mark D. *Feng Shui: Discover Money, Health and Love.* Santa Mônica, Califórnia: Dragon Publishing, 1993.
O'Brien, Joanne. *The Elements of Feng Shui.* Grã-Bretanha: Element Books Ltd., 1991.
Rossbach, Sarah. *Feng Shi: The Chinese Art of Placement.* Nova York: E. P. Dutton, 1983.
Rossbach, Sarah. *Interior Design with Feng Shui.* Nova York: E. P. Dutton, 1987.
Rybczynski, Witold. *The Most Beautiful House in the World.* Nova York: Penguin Group, 1990.
Sennet, Richard. *The Conscience of the Eye.* Nova York: W. W. Norton Co., 1990.
Spear, William. *Feng Shui Made Easy.* Nova York: HarperCollins Publications, 1995.
Swan, James. *Bound to the Earth.* Nova York: Avon, 1994.
Thompson, Angel. *Feng Shui, The Art of Attraction.* Nova York: St. Martins Press, 1996.
Walters, Derek. *Feng Shui.* Nova York: Simons and Schuster, 1988.
Walters, Derek. *The Feng Shui Handbook: A Practical Guide to Chinese Geomancy and Environmental Harmony.* Londres: The Aquarian Press, 1991.
Wydra, Nancilee. *Feng Shui, Designing Your Happiness. A Contemporary Look at Feng Shui.* Torrance, Califórnia: Heian International, 1995.

MÃOS DE LUZ

Barbara Ann Brennan

MAIS DE UM MILHÃO DE CÓPIAS VENDIDAS NO MUNDO TODO

Um clássico no campo da medicina complementar, *Mãos de Luz* é o olhar de uma cientista sobre o campo da cura bioenergética. Com o estilo claro e sistemático de uma pesquisadora da NASA e a compaixão de alguém que se dedica à cura há mais de 35 anos, Barbara Ann Brennan apresenta um estudo profundo do campo de energia humano, que abrange a compreensão dos processos físicos e emocionais (indo muito além da estrutura da medicina tradicional) e da arte de curar por meios físicos e metafísicos.

Relacionando a dinâmica da psique ao campo de energia humano e descrevendo as variações desse campo de acordo com a personalidade e os diferentes aspectos da experiência humana, a autora oferece um material riquíssimo que inclui:

- Novos paradigmas no campo da saúde, dos relacionamentos e das doenças.
- Uma descrição surpreendente do campo de energia humano e de como ele interage na vida cotidiana com o campo energético de outras pessoas.
- Estudos de casos clínicos de pessoas com os mais variados tipos de doença.
- Técnicas e exercícios para expandir a percepção da aura e saber interpretar seus bloqueios e desequilíbrios.
- Conceitos práticos sobre métodos de cura energética e ilustrações das mudanças ocorridas no campo áurico ao longo do tratamento.
- A intrigante história de vida da autora, que nos dá um exemplo de coragem, crescimento espiritual e inúmeras possibilidades para a expansão da nossa consciência.

Esta é uma obra revolucionária que vai ajudá-lo a ter mais saúde física e emocional, transformar a dinâmica dos seus relacionamentos e estabelecer uma conexão profunda com a força espiritual que existe dentro de você.

EDITORA PENSAMENTO

LUZ EMERGENTE

Barbara Ann Brennan

O primeiro livro *best-seller* de Barbara Ann Brennan, *Mãos de Luz*, consagrou-a como uma das agentes de cura mais conceituadas do mundo todo. Nesta sequência tão esperada do primeiro livro, ela prossegue na exploração inovadora do campo da energia humana ou aura – a fonte de nossa saúde e de todas as doenças. Recorrendo aos avanços em suas pesquisas e em décadas de prática, ela mostra como podemos usar nosso poder de cura mais fundamental: a luz que emerge do próprio centro da nossa condição humana.

Graças a uma abordagem única, que estimula o entrosamento criativo entre curador, paciente e outros profissionais da saúde, *Luz Emergente* explica o que o agente de cura percebe pela visão, a audição e a cinestesia, além de mostrar como cada um de nós pode participar de todas as etapas do processo terapêutico.

Apresentando um fascinante leque de pesquisas, que vão desde um novo paradigma de cura baseado na ciência da holografia até a percepção do "nível do hara" e da "estrela do âmago", *Luz Emergente* está na linha de frente da prática terapêutica moderna. Você descobrirá:

- Como podemos usar nosso poder interior para curar a nós mesmos e os outros
- Como combinar as técnicas e objetivos do praticante de cura energética com as do médico ou psicólogo, para que haja mais cooperação entre eles
- Os sete níveis do processo terapêutico: como descobrir suas necessidades em cada nível e instruções detalhadas para elaborar seu próprio plano de cura
- Surpreendentes informações novas sobre interações energéticas nos relacionamentos e como romper padrões negativos para estabelecer vínculos novos e positivos com as pessoas mais próximas
- A conexão entre cura, criatividade e transcendência espiritual
- E muito mais!

Enriquecido com vários relatos de casos clínicos e exercícios, além de ilustrações em cores e preto e branco, *Luz Emergente* aponta um novo caminho para a cura, a plenitude e a expansão da consciência.

EDITORA PENSAMENTO

NOSSAS FORÇAS MENTAIS – Volume I

Prentice Mulford

Demonstrar e convencer que o cérebro humano emite irradiações de incalculável potência; que os pensamentos de um indivíduo se transmitem a outro com uma velocidade que supera a do próprio relâmpago; que os pensamentos são coisas e que, portanto, aqueles que não encontram "caminho" na vida e que batem de porta em porta, mendigando algo que os alivie de suas atribulações, ignoram que "trazem em si mesmos" um tesouro oculto que é a chave da sua felicidade, da sua paz e do seu triunfo, — esse foi o louvável e magnífico empenho de Prentice Mulford, cujos milhares de discípulos, espalhados em todo o mundo, declinam o seu nome com gratidão e admiração.

Não é exagero afirmar-se que a obra *Nossas Forças Mentais* é uma verdadeira bíblia da vida moderna, que traça com linhas simples e vigorosas a verdadeira atitude que o indivíduo deve manter perante si mesmo, no lar, no trabalho e na sociedade, através da cultura e do domínio da tremenda força encerrada em seus próprios pensamentos!

Jamais tivemos em mãos, no ramo do verdadeiro mentalismo, obra tão clara e tão simples e, ao mesmo tempo, de tamanho valor para uma rápida, permanente e feliz mudança da vida individual.

Por essas razões, é com sincero entusiasmo que aconselhamos ao leitor:
— Leia, medite e pratique os magníficos ensinamentos contidos nesta obra.

Alguns tópicos deste I volume:
* Os mistérios do sono
* A lei do triunfo
* A escravidão do medo
* A reencarnação universal na natureza
* Como é que Deus está conosco

Os volumes, em número de quatro, são autônomos, podendo ser adquiridos separadamente.

EDITORA PENSAMENTO